世界五千年
科技故事丛书

盧嘉錫題

世界五千年科技故事丛书

现代理论物理大师

尼尔斯 · 玻尔的故事

丛书主编　管成学　赵骥民

编著　宋慧娟　杨以刚

吉林出版集团 | 吉林科学技术出版社

图书在版编目（CIP）数据

现代理论物理大师：尼尔斯·玻尔的故事 / 管成学，赵骥民主编. -- 长春：吉林科学技术出版社，2012.10（2022.1 重印）
ISBN 978-7-5384-6155-8

Ⅰ.① 现… Ⅱ.① 管… ② 赵… Ⅲ.① 玻尔，N.H.D.
（1885～1962）－生平事迹－通俗读物 Ⅳ.① K835.346.11-49

中国版本图书馆CIP数据核字（2012）第156321号

现代理论物理大师：尼尔斯·玻尔的故事

主　　编　管成学　赵骥民
出 版 人　宛　霞
选题策划　张瑛琳
责任编辑　潘竞翔
封面设计　新华智品
制　　版　长春美印图文设计有限公司
开　　本　640mm×960mm　1 / 16
字　　数　100千字
印　　张　7.5
版　　次　2012年10月第1版
印　　次　2022年1月第4次印刷

出　　版　吉林出版集团
　　　　　吉林科学技术出版社
发　　行　吉林科学技术出版社
地　　址　长春市净月区福祉大路 5788 号
邮　　编　130118
发行部电话 / 传真　0431-81629529　81629530　81629531
　　　　　　　　　　81629532　81629533　81629534
储运部电话　0431-86059116
编辑部电话　0431-81629518
网　　址　www.jlstp.net
印　　刷　北京一鑫印务有限责任公司

书　　号　ISBN 978-7-5384-6155-8
定　　价　33.00元

序 言

十一届全国人大副委员长、中国科学院前院长、两院院士

放眼21世纪，科学技术将以无法想象的速度迅猛发展，知识经济将全面崛起，国际竞争与合作将出现前所未有的激烈和广泛局面。在严峻的挑战面前，中华民族靠什么屹立于世界民族之林？靠人才，靠德、智、体、能、美全面发展的一代新人。今天的中小学生届时将要肩负起民族强盛的历史使命。为此，我们的知识界、出版界都应责无旁贷地多为他们提供丰富的精神养料。现在，一套大型的向广大青少年传播世界科学技术史知识的科普读物《世

界五千年科技故事丛书》出版面世了。

由中国科学院自然科学研究所、清华大学科技史暨古文献研究所、中国中医研究院医史文献研究所和温州师范学院、吉林省科普作家协会的同志们共同撰写的这套丛书，以世界五千年科学技术史为经，以各时代杰出的科技精英的科技创新活动作纬，勾画了世界科技发展的生动图景。作者着力于科学性与可读性相结合，思想性与趣味性相结合，历史性与时代性相结合，通过故事来讲述科学发现的真实历史条件和科学工作的艰苦性。本书中介绍了科学家们独立思考、敢于怀疑、勇于创新、百折不挠、求真务实的科学精神和他们在工作生活中宝贵的协作、友爱、宽容的人文精神。使青少年读者从科学家的故事中感受科学大师们的智慧、科学的思维方法和实验方法，受到有益的思想启迪。从有关人类重大科技活动的故事中，引起对人类社会发展重大问题的密切关注，全面地理解科学，树立正确的科学观，在知识经济时代理智地对待科学、对待社会、对待人生。阅读这套丛书是对课本的很好补充，是进行素质教育的理想读物。

读史使人明智。在历史的长河中，中华民族曾经创造了灿烂的科技文明，明代以前我国的科技一直处于世界领先地位，涌现出张衡、张仲景、祖冲之、僧一行、沈括、郭守敬、李时珍、徐光启、宋应星这样一批具有世界影响的科学家，而在近现代，中国具有世界级影响的科学家并不多，与我们这个有着13亿人口的泱泱大国并不相称，与世界先进科技水平相比较，在总体上我国的科技水平还存在着较大差距。当今世界各国都把科学技术视为推动社会发展的巨大动力，把培养科技创新人才当做提高创新能力的战略方针。我国也不失时机地确立了科技兴国战略，确立了全面实施素质教育，提高全民素质，培养适应21世纪需要的创新人才的战略决策。党的十六大又提出要形成全民学习、终身学习的学习型社会，形成比较完善的科技和文化创新体系。要全面建设小康社会，加快推进社会主义现代化建设，我们需要一代具有创新精神的人才，需要更多更伟大的科学家和工程技术人才。我真诚地希望这套丛书能激发青少年爱祖国、爱科学的热情，树立起献身科技事业的信念，努力拼搏，勇攀高峰，争当新世纪的优秀科技创新人才。

目 录

目　录

备受尊敬的理论物理大师

  20世纪上半叶，物理学的发展像一头怒吼的雄狮，以接连不断的新成果咆哮在科学界，极大地推动了整个人类科学事业的滚滚车轮。因此，人们称那是物理学发生"革命"的年代。其中，亲自领导这场伟大革命的头面人物之一便是尼尔斯·玻尔（Bohr. Niels HenrikDavid）。

  在玻尔领导下推进的量子物理学，成功地拓宽了人类思维领域的新视野，导致了20世纪辉煌成就的原子时代的蓬勃发展，在很大程度上有赖于他的重要研究和他所发挥的巨大影响。

  玻尔推进了原子时代的很多理论，又促进了核物理学研究的发展，因而，他在理论物理学界占有十分引人注意的地位。

玻尔的论文所闪现的科学灵感是令人惊异的。他除了论述主要问题外，对相关问题也不放过，有时写出几点建议，有时表明一个观点，甚至有时只是顺便提上几句。而这些灵感则成了启发和引导他人研究的课题与努力的方向。更令人难以置信的是，他的许多预见都成为经得住实践检验的真理。因此说，玻尔为人类留下的精神财富是难以估价的。

玻尔的性格豁达、乐观、积极向上，善于和各种人相处，在他亲手缔造的哥本哈根理论物理研究所里，云集了众多优秀科学家。玻尔善于激发他们的热情，容忍他们的弱点，尊重他们的意见和感情。

几乎每一个和玻尔有过密切接触的人，都受到了他品格的感召，他们钦佩玻尔的人格甚至超过他的学术成就。就连泡利·朗道那样才华横溢，目无余子的人也以玻尔学生自居。

在研究所里，玻尔与同事们在创建与发展科学理论的同时，还创立了"哥本哈根精神"。这是一种浓厚的、独特的、平等自由地讨论和相互紧密合作的学术氛围。海森堡和泡利等人就是带着"哥本哈根精神"走上了诺贝尔领奖台的。

玻尔以"哥本哈根精神"凝聚了多国科学人才，这些人才又将"哥本哈根精神"播撒到世界各地，为国际化的科学研究营造了良好风气，也为未来的科学事业准备了优厚的人才条件。

为了巩固各国科学家间的国际合作，玻尔积极参加和组织各种有意义的科学活动和社会活动，周游各国进行演讲，直至晚年，热情不减。

第二次世界大战期间，玻尔应邀参加英美联合制造原子弹的"曼哈顿计划"。他以独特的慧眼，卓群的睿智，比谁都早地意识到原子弹即将带来的国际问题。他不顾个人的安危荣辱，以一个科学家义不容辞的使命感，奔走于英美两国领导人之间，痛陈将原子能用于军事上必然导致核军备竞赛的可怕后果，极力主张让世界各国人民都能和平利用这一新能源。

政治活动比起科学研究来要复杂得多，玻尔的努力几次都功败垂成。

但是，为了让科学造福于人类，玻尔又多次上书联合国，为人类美好的和平理想请愿。他对人类的挚爱和行动深深地打动了当时世界上一些强有力的人物，使他们也重申玻尔的主张。玻尔荣获了第一届"和平利用原子能奖"。

玻尔是当代获得奖金、头衔、荣誉学位和各种会员资格最多的科学家之一，这些荣誉来自他伟大的科学发现和深远的社会影响。其中除了1922年获得的诺贝尔物理学奖之外，英、美、德、意、挪威，还有他的祖国丹麦，都把本国很高的奖励授予了玻尔。

玻尔对丹麦始终怀有拳拳的赤子之情。由于他的伟大影响和卓越贡献，英美等国竞相要他长期留居，都被他婉言谢绝，就连他最敬爱的老师卢瑟福也没能将他从丹麦拉走。他不仅在丹麦创建了享誉世界的研究所，还为丹麦原子能的开发和利用立下了不朽功勋。

丹麦人也像崇敬他们的政治领袖那样崇敬玻尔。在他六十、七十大寿之际，都为他举行了全国性的隆重庆典，这也成了世界物理学界聚会和研讨的良机。

1965年10月7日，正值玻尔80周年诞辰之际，哥本哈根大学的理论物理研究所正式更名为尼尔斯·玻尔研究所，以资纪念。

玻尔不仅是丹麦人的骄傲，也是全世界人民的骄傲，是人类科学活动和伟大思想的杰出代表人物之一。

爱因斯坦曾和玻尔因学术分歧进行了长期论战，结果难分胜负。爱因斯坦称他毕生不可缺少的，备受尊敬的挑战人玻尔是"我们时代科学领域中最伟大的发现者之一”。

苏联著名科学家卡皮察则说：“在当代科学史上，没有人比玻尔对自然科学的影响更大。”

玻尔在科学的海洋中所放射的光芒，明确地指引了20世纪的航程。他的政治活动也在爱好和平的人们心中树立起一座永远的丰碑。

作为一名睿智耀世纪的科学巨擘，尼尔斯·玻尔走过了一段怎样的成长道路呢？

"有天花板那么高"

在丹麦，一提起玻尔家族，丹麦人都会情不自禁地说："噢！真了不起，有天花板那么高呢。"

"有天花板那么高"，这本来是丹麦人在形容心地慈爱又聪明能干的人家时常用的一句高度赞扬的话。当这个家族最具代表性的人物尼尔斯·玻尔出现后，又使这句赞扬话更加有名了。

尼尔斯·玻尔的祖父老玻尔曾担任过波尔霍姆岛上语法学校的校长。由于他学识渊博又为人和善，成为当地最受尊敬的长者。老玻尔十分珍视他所得到的一切，又小心翼翼地传给了他的儿子——克里斯蒂安·玻尔，即尼尔斯·玻尔的父亲。

克里斯蒂安果然不负重望，成功地当上了哥本哈根大学的生理学教授。他可不是一个只会戴着夹鼻眼镜教训人的教授，他的爱好相当广泛，有物理学、化学、哲学、社会学，同时，他也是学校的足球健将，是他创建了丹麦的"大学足球俱乐部"。这位潇洒又活跃的教授很快成了哥本哈根大学最受学生崇拜的教授之一。在克里斯蒂安的学生当中，有一位年轻的姑娘，引起了教授的格外重视，她是丹麦大银行家的女儿，生得温柔美丽又高贵大方，后来她成了尼尔斯·玻尔的母亲，她的名字叫爱伦·艾德勒。

1885年10月7日，天气格外晴好，在哥本哈根市中心的一幢高大豪华的公馆里，随着一声婴孩的嘹亮呐喊，尼尔斯·玻尔降生在这个幸福的家庭。虽然他不是这个家庭里的第一个孩子（因为尼尔斯有一个姐姐），但却一点儿也不影响父母对他的百般宠爱。

两年后，尼尔斯又有了一个弟弟海拉德。兄弟俩从小就亲密无间，长大后尼尔斯在物理学方面，海拉德在数学方面双双取得了令世人瞩目的成就。他们的情谊也和他们的年龄一样有增无减，一直保持到逝世。

克里斯蒂安·玻尔是位十分称职的父亲，兄弟俩的成长在很大程度上有赖于这位充满智慧和慈爱的父亲的关怀与培养。

克里斯蒂安喜爱足球运动，并从中获得许多益处。他也希望孩子们能懂得这些，所以，每次去足球场地，都要带上这形影不离的小哥俩。

有一次，小尼尔斯奔跑过猛，"啊！"的一声跌倒在地，膝盖渗出了条条血痕。见到血，尼尔斯坐在地上哇哇大哭。克里斯蒂安并不急于扶起孩子，他一边带球，一边高声叫着：

"尼尔斯，快过来！我的球就要进门了！"

听说胜利在望，尼尔斯陡然精神倍增，一个鲤鱼打挺，站了起来，顾不上拍一下身上的泥土，便飞快地跑向球门……

回到家中，爸爸问他："腿还疼吗？"尼尔斯笑了笑，又摇摇头，为自己刚才不够勇敢的表现感到羞愧。

激烈的足球运动使尼尔斯开始领悟到，战胜困难的唯一法宝便是坚强的意志。这种感悟成了他一生都受用不尽的真理。克里斯蒂安的孩子们也很喜欢爸爸，有什么事都免不了要和爸爸诉说。

在一次手工课上，尼尔斯要给海拉德搭一个木偶戏台，可是教师却不许他拿回家里去做完，这件事真叫尼尔斯大伤脑筋。

爸爸听说后，很快解决了这个问题。他给孩子们搭了个工作台，买来各式小工具，还亲手教他们怎样干活。不久，一座新的木偶戏台就在父子们的欢声笑语中完成了。

从此，尼尔斯很快迷上了摆弄各种工具，家里的钟表不知让他拆卸过多少次。有一天，家里一辆自行车的飞轮坏了，尼尔斯自告奋勇来修理，他迅速地拆开了车子，怎么再把它装配上呢？全家人展开了一场大讨论，最后还是父亲坚持说：

"让这孩子自己来搞吧，他知道该怎么办。"

经过对一些关键部件的仔细研究，几乎在全家人的帮助下，尼尔斯成功地将飞轮装配好了。通过这件事，尼尔斯感到了集体工作的乐趣。

在这样一个充满挚爱的家庭里，孩子们的哲学与科学思想也在不断的积累中，因为克里斯蒂安·玻尔教授当时已是丹麦皇家科学与文学院的院士，他除了搞科学研究之外，还很善于结交一些学者名流，常和他们在一起探讨科学与生活的关系之类的问题。每当他们在克里斯蒂安·玻尔教授家聚会时，孩子们被允许坐在餐厅里旁听。

细心的尼尔斯从大人们的谈话中了解到：对严肃的课题要进行认真的考虑，而讨论乃是求知过程中澄清观念、统一认识的手段。

虽说少年时代的尼尔斯各方面成长都十分顺利，但有一件烦心的事也常困扰着他，就是写作文。

尼尔斯在伽莫霍姆学校学习时，各科成绩都很好，只有作文例外。按照学校的要求，一篇文章总要先有一段引子，最后还要有个正式的结尾，这种死板的要求一点儿也不合小尼尔斯的口味。

这不是他当时的思维方式，也不是他以后的思维方式，他总是喜欢开门见山，一气呵成。

有一次，老师叫他写一篇题为"自然力在家庭中的应用"的文章。这个题目即使是对这位未来的大科学家来说，分量也是过重了。尼尔斯不明白，老师为什么要出这种讨厌的题目，于是在文章的结尾处，他愤然地写道："我们家里不用自然力。"

和弟弟海拉德的敏锐机智比起来，尼尔斯总显得直率而拘泥，因此，许多人认为，海拉德比他的哥哥更有前途，但他的父亲却向一位朋友坦诚地说："我不认为尼尔斯的前途不如海拉德，因为他总是与众不同的。"

克里斯蒂安·玻尔教授果然是一语中的。尼尔斯后来用他"与众不同"的智慧和才能证实了父亲的预见。

哥本哈根的骄子

时间在尼尔斯勤奋刻苦的学习中飞快地流逝，1903年，尼尔斯进入了哥本哈根大学。这所大学位于这座古城的中心，四面辐射着拥挤的街道，街道上店铺、书坊和住宅鳞次栉比，环境根本比不上美英那些著名大学。但是，这里却诞生了许多闻名世界的科学家，尼尔斯·玻尔便是其中的一个。

大学给尼尔斯展开了一个广阔的认识世界的天地。他像一个饥渴的孩子一样，广泛地吸收着知识的甘露。他先后选修了哲学、数学、物理、化学等课程。

有一次，尼尔斯·玻尔无意中看到了一本小册子，题为《一个丹麦学生的故事》，激起了玻尔的强烈共鸣。这可不是一般的故事书，从某种意义上说是一本通俗哲学，书中以一个丹麦学生的口气，讲述了他是怎样陷入难以理解的二元论之中，在静止与运动、有限与无限等问题上出现了思不清，理还乱，矛盾又痛苦的过程。

其实，玻尔在研究哲学时，也恰恰处在这种境地，这些奇妙的问题经常困扰着他，以至于他曾一度考虑改学认识论。虽然玻尔最终还是驰骋在物理学领域里，但这些哲学思想却成了他研究物理学理论的明灯。

早在高中时代，玻尔就对五彩缤纷的物质世界产生了浓厚的兴趣，而那时，高中的物理课讲授得十分简单，有很多问题都尚未澄清。玻尔在课堂上"吃不饱"，就阅读了大量的物理学杂志，能给大家解释许多自然现象，不仅令同学甚至包括老师在内都对他刮目相看呢。

升入大学后，玻尔又遇到了一位出色的物理学教授——克利思蒂昂。教授总能站在物理学发展的最前沿，时常给学生讲授德国和英国物理学方面的新贡献。

19世纪与20世纪之交的欧洲，英、德两国的物理学处于世界领先的地位，他们有高水平的科研队伍和一流的实验设备，就连他们创办的物理学杂志都是世界权威性的刊物。能在他们的杂志上发表文章，对于一般的研究人员来说，真是可望而不可即。

尼尔斯·玻尔是个善于思考又悟性极高的学生，在克利思蒂昂教授的热心培养下，玻尔很快理解了德国强调波动理论的观念，又具备了英国的实验技能和原子研究的基础，两者的结合，是玻尔一生从事物理学研究的宝贵财富。

1905年，正当玻尔准备申请硕士学位的时候，丹麦科学与文学院悬赏征求有关液体表面张力的论文。瑞利男爵已从理论上证明：对于在具有已知速度和横截面积的一股液流表面上形成的波，只要测出波长来，就可以确定其表面张力。

雄心勃勃的玻尔不会放过这样极好的竞争机会。但是，他得想出一种产生液流又能测出波长的方法来。父亲积极支持尼尔斯的行动，并允许他在自己的实验室里搞这项工作。可是，实验室里白天有正常的工作要进行，尼尔斯不能插手，他只能和实验室的工作人员"两班倒"，由他来进行夜班的工作。

尼尔斯的测量方法需要水的扭曲流速保持若干小时的稳定，这就是说，一次测量他就要花费大量时间，甚至是通宵达旦，白天还要研究整理实验数据。

几分汗水，几分收获。在实验中玻尔发现：为了定量测出表面张力，瑞利的理论中还应该包括有液体的黏滞性，稳定后的振幅及周围空气的作用这一系列因素。玻尔把这些发现都准确而有分寸地写进了论文当中。

论文评选的日期日益临近了，玻尔的心情也日益焦躁不安，他不知道自己的观点能否得到专家们的重视，因为参赛的选手个个都很优秀，都是各个大学里的"尖子学生"。

竞赛委员会经过对雪片般的论文逐个筛选，最后选中了两篇论文，它们的作者一个是尼尔斯·玻尔，一个是彼德森。他们分别被授予了丹麦科学与文学院颁发的金质奖章。

看到领奖台上兴致勃勃的玻尔，台下的同学们爆发出了雷鸣般的掌声，还夹杂着阵阵高呼：

"玻尔，好样的！"

"玻尔，你真是我们哥本哈根的骄傲！"

难怪同学们为他高兴，为他狂呼，这是丹麦科学界难得的荣誉啊！多少人梦寐以求，却终生无缘，而初出茅庐的玻尔，年仅21岁就获得了如此殊荣，能不令他的伙伴们激动万分吗？

玻尔此番获奖的理由是对当代著名物理学家瑞利的基本理论进行了拓展。他得出了出人意料的结论，即在确定表面张力时，还有些附加因素应该考虑进去。

丹麦科学界选择的是几乎没有人进行研究的物理课题。然而，包括玻尔在内，没有人能预见到有关水的表面张力的知识，竟在350年后为研究原子结构提供了线索，而且还有助于发展成原子弹和核能。

尼尔斯·玻尔几乎没有留下什么悬而未决的细节，他所涉及的每一点，都在后来曲折而无法预料的科学发展中再现了。

1907年玻尔获得了硕士学位。时过两年，又传来振奋人心的消息：他的金奖论文"用液流振动法测定水的表面张力"将要在伦敦皇家学会的《哲学会报》上发表。对于一个丹麦大学生来说，首次发表论文，又是发表在英国权威性的杂志上，是多么了不起的成功啊！

这次玻尔比获得金奖还要高兴。性格沉稳的玻尔，拿到文章的校样时，不断重复着一句话："我真的没想到，我真的没想到。"

令玻尔没想到的还有一件值得庆幸的事。在一个周末，他去拜访老朋友艾利克·纳隆德，在那儿，他遇到了艾利克的妹妹玛格丽特，这是一位长着金色卷发，举止像尼尔斯的母亲那样既温柔又年轻漂亮的女学生。从这个时候起，别的女孩子都再不能进入玻尔的视野了。

而玛格丽特在"见到了这双奇妙的眼睛，听了他的谈吐，发现他是那么谦和善良"之后，也是同样的倾心。

这是他们质朴爱情的开始，这种爱情在他们的一生中从来没有动摇过。

纷至沓来的荣誉和幸福并没有淹没玻尔，他的注意力又转移到了电子世界。

剑桥冷遇

从19世纪末叶开始，科学以前所未有的速度迅猛地向前发展着，从前许多定性的东西，这时正经历着严峻的考验，众所周知的原子论就是如此。

剑桥大学著名的物理学家J.J.汤姆森起初证实了一细束阴极射线能在电场和磁场中弯曲。这束射线是由当时人们所不知道的某种微粒组成，汤姆森如此断言。不久，他又证实，这是质量为氢原子质量的约千分之一的微粒。

汤姆森的发现，令世人大吃一惊，这时人们第一次知道，原先被看做"小硬球"的原子竟然包含着一些更小的微粒。汤姆森把这些小微粒命名为"微粒"。

不久，J.J.汤姆森认识到，原子在正常状态下看来好像是由某种正电体和带负电的"微粒"组成的。1891年爱尔兰科学家斯托尼曾经把离子带的电荷称为"电子"，后来英国人拉摩和荷兰人洛伦兹建议把"微粒"改称为"电子"。于是，人类对原子的认识大大前进了一步。

玻尔很早就仰慕汤姆森的大名，经常研究他的著作，同时他也阅读洛伦兹等人关于电子论方面的著作，对电子这个"新生儿"产生了浓厚的兴趣，他的硕士论文就是研究金属电子的作用，在他的博士论文里再度深化这一问题。

玻尔的博士论文主要研究了电流在金属里顺利通过，为什么察觉不出有什么化学物质在转变这类比较盛行的题目。细心的玻尔很快就发现，一些名家提供的理论和实验在许多基本点上是牵强的，计算数据也不够严格。玻尔兴奋地说："看来，应对金属的电子理论做出更普遍的假设，这是很有意思的。"

玻尔开始创立他的电子运动理论了。他考虑了能影响电子运动的诸多因素，并发现金属原子的稳定性是无法用现有的理论来解释的。于是他提出了一系列的假设和看法。

1911年初，在博士论文答辩会上，玻尔受到高度赞誉。哥本哈根的一家报纸这样写道：

科学新星尼尔斯·玻尔只用了一个半小时，就以博士的身份离开了大学。希加德教授第一个发表评论，只从论文的语言方面批评了一下，其余都是赞誉了。克里斯蒂昂也是如此，他只是对这篇论文未能以外文写成而表示遗憾，并且说："玻尔所写的东西，所提出的问题，都是太新颖，太不寻常了，以至于没有人能够对他提出问题。"

　　获得博士学位的玻尔，又展鸿鹄之志。他很了解英、德两国科学发展的状况，他的父亲曾留学过英国，也建议他到剑桥，他便毫不犹豫地决定到剑桥大学去，跟电子的发现者汤姆森学习。科学的未来在那里，尼尔斯·玻尔的未来也应在那里。

　　玻尔和亲朋好友进行了一段短暂的休假后，就踏上了南下的旅途。

　　当玻尔一见到"剑桥"这两个字时，心中有说不出的激动。剑桥，闪耀着知识的光芒，剑桥，诞生天才的摇篮，汤姆森、达尔文和牛顿都和剑桥的名字连在一起。现在，尼尔斯·玻尔也来到了他梦中的剑桥！他高兴得在心中一遍又一遍地重复着斯宾塞的诗句：

　　剑桥，我的母亲！

　　在他那顶冠冕上，

　　缀着多少睿智，多少冥思……

一到宿舍，玻尔还没来得及打开行李，就直奔卡文迪什实验室，拜见他仰慕已久的汤姆森先生。

汤姆森那时有55岁了，是继麦克斯韦、瑞利之后，成为卡文迪什实验室的第三任主任。在这所闻名世界的实验室里，他已辛勤耕耘27个春秋了。

汤姆森面容瘦削，棱角分明，加上一撮硬刺刺的仁丹胡须和那种比平常人要长一些的发型，总给人一种与众不同的傲气。

初见汤姆森，玻尔诚惶诚恐，本来就不流畅的英语这么一紧张就更加语无伦次了。还是汤姆森教授主动伸出手来表示欢迎，一阵寒暄过后，解除了这个丹麦年轻人的心理负担。

玻尔和汤姆森的谈话很快进入正题。他呈给教授两份论文，一份是自己的学位论文，一份是汤姆森的论文，为了节省时间，他简要地阐述了自己的观点，又诚恳地指出了他在汤姆森论文中发现的几处错误。就像对待自己的老师一样，玻尔对待汤姆森也是一副天真率直的劲头。

玻尔最后向教授谈了自己的想法，那就是希望他的论文能在英国发表，他想在英国有更大的作为，真诚地希望能得到教授的指点和帮助。汤姆森听后，并没有明确地表示，他只是收下了玻尔的论文。

告别汤姆森，玻尔的心情始终不能平静，他既有感于汤姆森的和蔼可亲，又不知道教授对他的观点会持什么态度，在急切的期待中，玻尔度日如年。

玻尔的期待一天天落空，他无法静下心来，他决定再去拜会一次。汤姆森对玻尔的热情一如既往，在谈话中，他还提到了玻尔的父亲，并邀请这位年轻人共进晚餐。至于论文一事，汤姆森表示还没抽出时间来读呢。

二顾"茅庐"，玻尔的精神再次感到振奋。他写信给玛格丽特说："汤姆森教授真是太仁厚了，他让我不能不相信他认为我的东西有些道理。"

"我正在盼望听到汤姆森的意见。他是位伟大的人物，我希望他不至于生我那些蠢话的气。"

三个月的时间转眼即逝，玻尔的论文如石沉大海，他强迫自己三顾"茅庐"。当他怀着忐忑不安的心情走进汤姆森的实验室时，一眼就发现自己的论文被压在一叠厚厚文稿的最底下。玻尔的希望急剧凝固。

这次汤姆森表示了歉意，并说很快就读，并谈到如有可能的话，把它推荐给剑桥哲学学会。

不久，玻尔果真收到一封建议书，剑桥哲学学会寄来的，由于汤姆森的推荐，同意发表玻尔的论文，但建议将之压缩一半。

玻尔认为他的论点不可能在一半的篇幅里表达出来，因而深感不快地表示拒绝。以后再也没有发表。几年后，其他科学家重复了玻尔所做的大部分工作，但他们不知道玻尔早已涉足这个课题了。

圣诞节到了，纷纷扬扬的大雪把剑桥打扮得银装素裹。玻尔感到阵阵寒意，一种从未有过的孤独感袭上心头，他独自一人站在宿舍的窗前，极力辨识着来时的路，思绪也随着雪花漫天飞舞……

幸会卢瑟福

　　山重水复疑无路，柳暗花明又一村。正当玻尔为自己的前途忧心忡忡之时，传来了一个好消息——曼彻斯特大学著名物理学家卢瑟福将要来剑桥参加每年一度的卡文迪什聚餐会并作讲演。

　　玻尔早就了解到卢瑟福是一位了不起的物理学家兼化学家。是他确定了放射性辐射中的两种射线：α 射线和 β 射线；是他发现了钍族元素的放射性衰变规律；是他宣布 α 粒子的电荷数是氢离子电核数的两倍，并证实了 α 粒子就是带电的氦核。他还荣幸地获得了 1908 年的诺贝尔化学奖。

　　圣诞节过后不久，久仰卢瑟福大名的玻尔终于可以一睹他的风采了。

卢瑟福高高的个子，身体健康，面色红润，他的演讲善于把复杂的问题作形象的比喻，幽默又风趣，他的笑声不时地回荡在演讲大厅，使人感到他是那么平易近人。

听完他的演讲，玻尔就像在足球场上那样，迅速地做出决定，他应该和这位能以非凡的能力深入科学真谛的卓越人物一道工作。

不过，这次玻尔可不像见汤姆森时那样轻率了。每当想到自己见汤姆森时的鲁莽与天真，玻尔总想开怀大笑。他去曼彻斯特先拜访了一位父亲的朋友史密斯教授，请他安排与卢瑟福的会面。一天，在史密斯家见到了卢瑟福。

卢瑟福一见到这位丹麦年轻人，马上伸出了热情之手。通过玻尔对自己的研究成果的简捷扼要的介绍，他马上断定：思维敏捷的玻尔一定会在物理学界有所造就，他很快就同意玻尔到自己的实验室来，并向他介绍了自己刚出席第一次国际索尔维会议上普朗克讲的量子论和会议情况。当时为早春季节。

卢瑟福是个热情又达观的乐天派，这次会见，他和玻尔谈得十分投机，并列举了近年来物理学飞速发展的事实：X射线的发现；铀和镭的放射性的发现，电子的发现，以及卢瑟福准备命名为原子核的原子中心……

玻尔把每个字都吞了下去，他仅凭直觉，就完全有理由相信，和眼前这位大个子教授合作，前途无量。

此次会见，是国际物理学史上一个值得纪念的日子。堪称物理学界卓越人物的玻尔从此走上了光辉灿烂的科学之路，并以他卓越的科学理论和伟大的人格力量对他那个时代及其以后的物理学的发展都产生了不可估量的影响。

1912年4月，玻尔来到了曼彻斯特这座工业城市。这里与庄严和明媚的剑桥有明显的不同，厂房林立，街道拥挤，到处都是嘈杂与喧嚣。

卢瑟福对这座热闹的城市有独到的见解。他一边和玻尔散步，一边解释说：“这儿有许多优点——一批优秀的同事，友爱好客的居民，谁也不与他人为敌。”显然，他很喜欢这个地方。

除此而外，这里还有最好的物理实验室。卢瑟福就是这个实验室的主任。

玻尔很快就感受到了曼彻斯特的亲切与友善。每天下午很晚的时候，实验室的全体成员都要聚在一起用午后茶。茶、糕点、面包片和奶油就放在一张实验桌上，大家一边吃着，一边议论着，话题总是由坐在实验桌上的卢瑟福来引导。

在大部分时间里，话题都集中在原子和放射性上，然而谈着谈着，就不知扯到什么地方去了，或许谈到"快乐剧院"的最新剧目，或许谈到米德兰饭店的新奇菜肴，或许谈到美国总统的花边新闻。最后，谈话又总是转回物理学上来。

玻尔很喜欢参加这种"聊天式"的茶时讨论会，一边聊着，一边捉摸新发现的原子结构，又能有什么新启发。

他反复考虑着这样一个问题：既然已经知道了原子结构，就有可能对元素的性质做出某种解释来。各元素性质的不同，可能是由原子构成的不同决定的。

这样，人们就有可能确定，为什么一些元素是金属，一些元素是液体或气体；为什么一些元素容易进行化合，另一些则难以相溶；为什么世界上能有这些五花八门的形式。

玻尔知道：卢瑟福发现的 α 射线和 β 射线来自于原子核，那么，是不是可以设想，在原子核外旋转的电子，其排列决定了各种元素的化学性质呢？玻尔一边端着茶，一边陷入沉思默想中，茶已经凉了，而他的想象还在不停地跳跃。

玻尔感到他的推理很有潜力，便顺藤摸瓜，继续进行深入挖掘。他考虑到，如果他的设想是事实的话，也就是说，各种元素的化学性质都是由绕核旋转的电子决定的话，那么，电子果真能绕原子核旋转吗？这是问题的根本所在。

而玻尔这时已经开始觉察到卢瑟福原子中的电子是全然受作用量子支配的。为了用计算来证实自己这一原子结构理论的正确与否，他不分昼夜地工作。实验室的朋友们拖他出去吃饭、散步，都被他拒绝了。大家开玩笑地说："玻尔式的犟劲上来了。"

　　到了7月22日，玻尔觉得自己的论文可以呈卢瑟福一阅了。卢瑟福很高兴听玻尔要说些什么，他曾对同仁讲过："这个丹麦小伙子是我遇到过的最聪明的人。"

　　当卢瑟福从头至尾听完玻尔阐述的观点时，就与玻尔急切地讨论起这些观点，并积极鼓励玻尔准备一篇论文发表。

　　此时的玻尔真有点"漫卷诗书喜若狂"的感觉，他飞快地跑进实验室，边哼着小曲边整理行装，因为再过一天就到了他该回哥本哈根的日期，他要告诉玛格丽特，卢瑟福很喜欢他的第一次论述。

　　玻尔只在曼彻斯特待了4个月。在这一短暂的时间里，他归纳出了即将导致物理学革命的观念。他还找到了自己生活与工作的楷模，同时，他也知道了实验室该是这个样子：它是来自世界各地的最有能力的青年学生聚在一位科学家周围，并由这位科学家鼓励他们达到各自最高目的的所在。同时，实验室又是自由讨论和发现真理的地方，而且无论有多么紧张的工作，也要伴随笑声与欢乐。

回味无穷的"三部曲"

　　玻尔兴高采烈地回到哥本哈根，迎接他的是一张张亲人的笑脸，还有玛格丽特深情的目光。玻尔此番重返故里的一个重要使命就是要和玛格丽特正式完婚。

　　在激扬悦耳的婚礼进行曲中，玻尔幸福地挽住了他的终身伴侣。事实证明，玛格丽特也是一位出色的女性。她不仅贤淑高雅，而且完全理解和支持丈夫的事业。玻尔早期的所有论文和信函不少出自她的手笔。

　　美满幸福的婚姻生活成了玻尔更加勤奋刻苦地钻研原子结构的推动力。这期间，他一边担任哥本哈根大学的教学任务，一边拼命挤时间搞科研。在玻尔面前，还有无数的问题，需要从各种可能的角度进行验证和重新加以考虑。

据说玻尔在氦原子之类的问题上遇到了严重的困难，他的理论还缺乏最基本的要素。

1913年初，可爱的汉森回到了哥本哈根。

汉森是一位著名的光谱学家，在德国物理学研究中心哥丁根学习一年半后，荣归故里。后来他成为哥本哈根大学的校长。

玻尔一见到汉森，就决定把自己关于原子奥秘的想法讲给汉森听。

汉森也是三句话不离本行，马上反问玻尔说：

"用你假设的这种有原子核和定态能量轨道电子包围的原子，能不能解释原子受到适当诱发时产生某些特殊谱线的现象呢？你应该注意一下瑞士物理学家巴尔末所发现，并由瑞典的里德伯加以发展的光谱的规律性。"

紧接着他还把巴尔末的发现解释给玻尔听。

汉森的提示，一下子使玻尔醒悟到，他所计算过的氢电子的第一、第二、第三级稳定状态，而稳定状态间的能量差就是巴尔末氢原子光谱中那些特殊谱线所决定的数字。

在这一瞬间的醒悟里，玻尔看出，光谱的谱线可能是电子突然释放出来的能量，它是在从一种稳定状态跳到另一种稳定状态时产生的。

玻尔的眼前豁然开朗，他有了一条全新的思路，全新的线索。他的眼光开始从原子的正常态扩大到了原子的激发态。从此，他的理论思维走上了迅速发展的道路，他的定态概念获得了新的特征，而定态间的跃迁这一概念也因此而呼之欲出了。这一事态的发展，后来被称为玻尔的"二月转变"。

对于光谱资料的细心考察和天才领悟，给玻尔的思维和理论带来了巨大的飞跃。他再接再厉，撰写了长篇论文《论原子和分子的组成》，经过多次征求卢瑟福的意见后，他说服讲求简练文体的卢瑟福，把这篇绝非简练的论文推荐给了英国期刊《哲学杂志》，但是卢瑟福提出的假设中存在电子从一定态向另一定态过渡时怎样决定自己的频率的困难，却只能保留下来，直到量子力学出现后才解决，这是玻尔理论的一大不足。

这篇论文分为三个部分分别刊登在杂志的第7、第9和第11期上。这就是在原子物理学中有划时代意义的"三部曲"。

在这篇著作中，玻尔所提供的绝不仅仅是什么氢原子理论或某种特定的、范围很小的细节理论；他摆在人们面前的是超出想象的、一望无垠的新世界的大致轮廓，为今后几十年微观物理学的发展制订了重要纲领。

他一开始就把各种各样的原子当成了研究对象，并且提出了将组建原理作为考虑问题的入门。

这个原理是说，设想一个带有电荷zlel（e为电子电荷）的原子核一个一个地俘获电子，并把它们按次序束缚在条件允许的能量最低的状态中，当这样俘获了z个电子以后，就能得到元素周期表上第z号元素的原子，由此就可望对周期表作出理论的诠释。

由于当时还绝无可能完全从理论上求出任意原子中多个电子的一切可能的定态，玻尔就采用了充分依靠经验资料的办法，而其中最重要的经验资料就是实验光谱学的数据和规律。为了把这些数据和有关的原子模型联系起来，玻尔在他的论文的第一部分提出了两条主要假设：

1.体系在定态中的动力学平衡，可以借助于普通的力学来加以讨论，而体系在不同定态之间的过渡则不能在普通力学基础上予以处理。

2.后一种过程是由单频辐射的发射所伴随的，对于这种辐射来说，频率和发射的能量之间的关系式就是由普朗克理论所给出的。

这里所说的定态之间的"过渡"，后来改称"跃迁"，而跃迁这一概念更是完全超出于经典理论的框架之外的。

在上述基础上，玻尔相当成功地描述了氢原子和类氢离子的结构和性质，也初步探索了多电子原子的情况，甚至在第三部分中作出了考察某些分子的结构及形式的尝试。在整篇论文的结束语中，玻尔又把自己的基本观点归纳成了五条假设。

整个"三部曲"共71页，包含了丰富而独特的思想内容。除主要考虑了原子和分子的组成、能量及光谱以外，还涉猎了X射线、物质的放射性等问题。在那些顺便提到的问题中，也处处闪现着玻尔深刻的洞察力。

在关于原子中各环电子的排列中，他事实上已经不自觉地引用了类似不相容原理的想法。在关于放射性的论述中，他已经相当明确地谈到了卢瑟福实验室的几个人先后提出来的位移定律，这个定律是：元素放出一个 α 粒子（氦原子核），则它在周期表中的位置提前两位；放出一个 β 粒子（即电子），则它在周期表中后退一位。在关于分子结构的考虑中，他所描述的 H_2 分子和 CH_4 分子的模型已经和今天通用的模型颇多类似之处。

"三部曲"的问世，引起了当时的物理学界的很大注意，很多人认为玻尔的计算和推理是完全不符合逻辑的，甚至是"异想天开"的。但是，即使认为玻尔的理论是异想天开的人，也不得不承认"三部曲"在一些具体问题上所取得的突出成就，在未来发展方向上显示出令人鼓舞的前景。

人们常说时间是最好的老师。随着时间的推移，"三部曲"的一些预见不断地被证实，例如弗朗克和赫兹实验就证实它是正确的。物理学家们对"三部曲"的价值更是惊叹不已。沉默寡言的狄拉克曾经回忆道：

"当时，这一理论打开了我的眼界，使我看到了一个崭新的、非常奇妙的世界。"

金斯和爱因斯坦等也都先后对此作出高度评价，"三部曲"成了当时最有影响的原子理论。由于玻尔的理论是为了解释卢瑟福的原子模型的，因此，后来科学界有些人称之为"卢瑟福——玻尔原子模型"。

谱写"对应原理"新乐章

我们知道，玻尔从触摸到神秘的原子边缘时，就有一个雄心勃勃的计划，打算从理论上把握所有原子乃至分子的结构、性质和相互关系。这从当时的科学条件上来看，简直是许多物理学家连想都不敢想的事，因为这里面需要解开的谜团实在太多、太深奥。可是玻尔偏要知难而上。

为了这项庞大得吓人的计划，在"二月转变"后，玻尔的注意力转向了光谱学方面，希望借光谱学之"石"，攻原子物理之"玉"。

但是光谱学是一门新兴而高难的科学，错综复杂得令人摸不着头绪，要根据这方面的资料推断出发射各种光谱的物质的原子结构，当时看来确实是希望渺茫，就好像听

了一曲交响乐就想推断各种乐器的细节一样。也许会耗尽
毕生精力，也难以找到通幽的曲径。

尽管如此，玻尔和他的伙伴们还是勇敢地承担起了这
项艰巨而伟大的重任。

玻尔对于光谱学的研究，在"三部曲"中已取得了一
定的成就，他计算出了单电子原子的谱线频率，而在其他
问题上还主要处于探索性阶段。

在经典理论中，单电子原子的内部运动可以精确地求
解，而多电子原子的内部运动却只能得到近似的解。这时
的A.索末菲的多周期体系理论已经问世，这些条件就是当
时玻尔从事研究仅有的基础。

玻尔在1913年就已经考虑了谱线频率的"极限重合"
问题。那时当然考虑的是单周期体系。设体系的两个定态
分别用量子数n和n'来表示，当时玻尔曾经证明，当n和n'
都远远大于它们的差值$n'-n$时（设$n'>n$），就有：

$$v=(n'-n)w \qquad (1)$$

此处w是单周期体系的经典绕转频率，而ν是按照
玻尔的频率条件计算出来的从态n'到态n的跃迁所发射的
辐射频率。在特例，当跃迁是发生在相邻临界态（$n'-n=1$）之间时，就有：

$$\nu=\omega \qquad (2)$$

这些结果表明，在大量子数的条件下，每一次频率为 ν 的量子跃迁，都可以按照

$$n'-n=\tau \qquad (3)$$

的规则而和体系的经典描述中的一个傅里叶分振动式对应起来，使得二者的频率接近重合。

十分明显，这只是两种不同理论的结果之间的数量上的关系而已，根本没有涉及那两种理论的结构。

当玻尔计算出了这种数量上的渐近性时，他和他的老师卢瑟福都觉得这是相当美妙的事，因为这在当时正是联系了新旧理论的唯一的逻辑纽带——尽管只是数量上的纽带。

摆在玻尔面前的道路荆棘丛生，他得到的仅仅是频率值的极限重合性，当然是无助于解决强度问题的，而且，既然要求大量子数极限，所得结果甚至连一般的频率问题也解决不了。解决不了问题的理论怎么能称得上原理呢？玻尔陷入了深深的困境。

玻尔凭借已有的知识和经验，开始了在无边的理论的原始森林中的摸索。他广泛而巧妙地运用了归纳的方法，一步一步披荆斩棘，渐渐掌握了一些规律性的认识。从1913年的思想萌芽到20年代初期的系统表述，玻尔的思想经历了一段十分漫长而崎岖的道路，进行了一次又一次科

学直觉的跃进，最后，终于把它们总结成了对应原理。

首先，玻尔推测，对应关系（或极限渐近性）不应该只存在于谱线频率之间，而且也应该存在于量子的和经典的谱线强度之间。例如，在单周期体系的事例中，按照经典理论，τ 级泛频振动的强度取决于振幅的绝对值平方。

当设法按照量子理论来计算谱线强度时，玻尔采用了统计法。他推测，按照条件（3）而和某一经典泛频振动相对应的一次量子跃迁，其出现的概率也将像经典强度那样地取决于该泛频振动的振幅平方，而量子的谱线强度当然正比于跃迁概率。这样，就得到了在大量子数的条件下，近似地计算谱线强度的一种方法。

第二步，玻尔推测，上述这种量子跃迁和经典描述之间的渐近关系，不但对单周期体系是成立的，而且对多周期体系也是成立的。

第三步，玻尔的步子迈得更大，他干脆抛掉了"大量子数"这个要命的限制。也就是说，他进一步推测，上述这种形式上的（单纯数量上的）对应关系，不但在量子数上取很大值时，而且在它们取任意的（整数）值时都是成立的。

这一大胆的推理，从根本上改变了对应关系的性质，使它从一个软弱无力的、意义不大的必要条件变成了一种用途广泛的、影响深远的普遍关系。只是到了这时，才能设法在全光谱中（而不是仅仅在光谱的一端）计算各谱线的（相对）强度了。

经过这样几次顽强而有力的冲刺，玻尔终于谱写出了对应原理的新乐章。他曾多次强调指出，对应原理是一条纯量子理论的原理，因为它的作用是在量子理论的框架中计算各种原子的光谱。发展到这一步骤，从前那种"极限重合性"的外壳已经彻底破碎了，脱颖而出的是一种全新的对应原理。

对应原理又称对应论证、对应关系、类比论证等等，它的直接目的在于根据预设的某种物质的原子结构来算出该物质的原子光谱，包括各谱线的频率、强度、偏振、多重性等等。

玻尔的对应原理的提出，标志着原子结构和原子光谱的量子理论的一次新发展。这一原理在当时成了玻尔处理问题的有力武器。许多从前无从着手的问题开始被玻尔一个个攻破。

他广泛研究了各种元素（多电子原子）的光谱；推断了相应原子中的电子组态；他在当时的水平上解释了谱线的（正常）塞曼效应和斯塔克效应；考察了谱线的精细结构，探索了同位素的光谱差别等等，难以一一尽数，尤其是为玻尔的又一个重要理论——元素周期表理论的问世铺平了道路。

这一原理在当时同样成为全世界原子物理学家们最重要的指导原则之一。丹麦哲学家D.福尔霍尔特教授曾经指出：

"对应原理是独一无二的，我们在以往的物理学、哲学、心理学、宗教或任何别的领域中都找不到任何和它相像的东西。"

物理学家心中的圣地

1916 年，玻尔应聘为哥本哈根大学理论物理学教授。以往，理论物理学课程是不设教授头衔的，但玻尔不受成规的束缚。而且，他还有一个宏伟的计划，仿照卢瑟福的曼彻斯特实验室在哥本哈根建立一个理论物理研究中心。

玻尔的想法很快得到了学校当局、市政府以及社会各界的大力支持。

市政府在离市中心不远的地方划出一块地盘供修建研究所使用。玻尔高兴地称之为"这是一座美丽的公园"。场地后面是一片高大的树木，树木后面则是宽阔无垠的草坪。

夏季，人们总在那里踢足球，还在那里建立了一座座狂欢节用的店棚和为每年一度的宪法纪念日搭的讲台。那片树木恰好把研究所与草坪隔开，既便于研究又便于活动，爱踢足球的玻尔对这个地方十分满意。

在资金方面，玻尔的朋友们乐于为他募捐，有几位大企业家也慷慨解囊，他们崇敬又信赖玻尔，相信他和他的研究所一定能为丹麦带来无上荣光。即使这样，钱仍然不足，玻尔又请卢瑟福和索末菲出面向德国的卡尔斯堡基金会申请到一笔钱，资金问题才得以解决。

玻尔没有辜负丹麦人的深情厚望，他对建造这个研究所的确倾注了巨大的心血，从图纸设计到具体施工，他都要亲自过问，亲自查验。仅设计图纸就花去很多时间，因为总有些地方不合玻尔的意，弄得设计师都要罢工了，最后还是玻尔好言相商，才使工作进展下去。

几天来，玻尔忙得不亦乐乎，他不停地奔波于学校、施工现场和家庭之间，因为研究所的落成大典就要举行了，却还有数不清的细节问题需要玻尔认真考虑。如对客人的邀请和招待啦，座次的安排啦，甚至丹麦的红白两色国旗应该升起于何处啦等等。此外，玻尔还要发表重要演讲，这次演讲，不仅丹麦的科学巨头们都会来听，还有许多世界著名科学家也会应邀前来，他的恩师卢瑟福夫妇也应邀出席和讲话，玻尔忙得筋疲力尽。

1920年9月15日清晨，天空格外晴朗而明亮。庄严的丹麦国旗在蔚蓝色的天空迎风飘扬，似乎也在欢迎着前来参加研究所落成大典的八方宾朋。

玻尔满面春风地站在会议大厅的演讲席上，宣布哥本哈根大学理论物理研究所正式成立。此时的玻尔一扫往日的疲劳与憔悴，进行了精彩演讲。在展望这座研究所对科学、对世界的意义时，他说：

"在科学研究上，一个人是不能确保自己一定能有所建树的，可能会出现某些阻碍，只有新的观点才能克服它们。因此，重要的一点是不要去依靠特定的一批科学家的能力和本领。"

"持续地产生具备科学方法和能做出成果的年轻科学家，这一任务要求通过科学讨论来实现。在年轻人自己做出贡献的同时，新的血液和新的观点也就会问世。"

玻尔预定了这个研究所的大部分使命。

典礼结束后，人们参观了这座在不久的将来就会焕发出特殊魅力的新建筑。

整个研究所有四层楼：一层是讲演厅和会议室；二层是图书馆；三层是实验室和办公室；四层是玻尔的公寓，一扇双层刻花玻璃门通向他们的七个房间。遵照丹麦的传统，教授是要住在研究所里的。

这座建筑物，无论从外观设计到色彩调制，都称得上是地道的丹麦式的。它从精神上和形式上都属于丹麦，一点儿也没有模仿剑桥的气派，而是完完全全的自成一派。

　　就在玻尔的理论物理研究所成立前一年多，汤姆森另有高就，卢瑟福成为卡文迪什实验室的领导人，这两个隔海相望的物理学研究中心如同玻尔与卢瑟福的友谊一样，建立了亲密友好的往来。

　　剑桥的许多著名人物纷纷来到哥本哈根，如C.G达尔文、狄拉克、福勒以及哈特利等，他们在这个研究所里工作一两年后，再回剑桥。玻尔和研究所里的其他成员也是剑桥的常客。

　　他们相互交流思想、交流成果，相互争议，有时也可能会不欢而散，但这丝毫不会影响他们的个人关系和追求真理的热情。

　　不过，剑桥和哥本哈根并非一个整体，他们有许多不同之处。剑桥继承了世界上科学研究的最光辉的传统，而哥本哈根将要树立一种全新的物理学研究观念。

　　但是，这两者不仅在许多方面起着同样的作用，还像一个原子核那样，把世界许多优秀的物理学家结合成一个紧密的合作团体。这两个中心迅速地克服了一切民族上和语言上的障碍，将物理学的研究推向一个又一个高峰。

大概是由于人们对新生事物本身就有一种敏感，加之玻尔的研究所初创伊始就与剑桥迅速接轨，并有一系列有关原子结构新成果问世。在玻尔的周围很快聚集了一批年轻有为的学者。玻尔活跃的思维，精辟的见解，乐观豁达的人生哲学，总能使他周围的人有一种全新的感受。

　　研究所最初只有9人。从20世纪20年代起，先后到这里工作的著名物理学家有63人，来自17个国家，其中5人先后获得诺贝尔奖。如克拉默、克莱因、泡利、海森堡和亥威西等都在这里建立了辉煌的业绩。

　　这些生动活泼的年轻人夜以继日地朝着一个共同的目标奋斗，互相交流心得，共同解决困难，最后发展成了有名的"哥本哈根学派"，而玻尔便是这个学派的核心人物，他始终以旺盛的精力和卓越的智慧领导这个学派长达40余年的时光。

　　玻尔的名字和他的研究所渐渐地成了年轻物理学家心中的偶像和圣地。

　　年轻人总好专注地观察自己的偶像。玻尔无须通过烦琐的计算就能把握住一个课题，以及他不用动手做实验就能设计出一项实验来，给来自荷兰的卡希米尔留下深刻的印象。大家把玻尔的这种本领称作"直觉捕捉"。

　　卡希米尔在回忆和玻尔共同工作的岁月时说："这是他的

工作特点之一，这使他不仅成了一位伟大的理论物理学家，还是一位不动手的实验物理学家和不搞发明的发明家。"

一位来自俄国的年轻人叫伽莫夫，他在哥丁根大学学习期间，就像所有的年轻物理学家一样，想见一见玻尔。玻尔早已了解到他成功地利用量子力学的方法，证明了衰变原子是如何放射出一个 α 粒子，本身变成另一种新元素的。

会面时，玻尔并不看他的学历证明，开口就问：

"如果我能给你弄到一笔奖学金，你愿不愿意在我这里工作一年？"

"那我简直是上了九重天了！"

伽莫夫高兴地回答。很快，他成了研究所里不可缺少的一员。后来，伽莫夫在赠给朋友的一首诗中，高度颂扬了玻尔的伟业，题目是《为了玻尔，干杯》：

干杯，干杯，还要再干一杯！

快把杯子斟满，再把炉火生旺，

拨动吉他的琴弦，

唱一唱玻尔——我们的偶像。

祝你万事如意，

祝你名扬四方。

你是我们仰慕的巨人，

你的智慧无边无垠，

你的理论是那样艰深，

但既是出自你的手，

我们可不敢掉以轻心。

尼尔斯啊，

你是我们的阿波罗，

我们永远恭顺地把你紧跟。

……

曾有人问玻尔："您怎样成功地创办了国际上第一流的物理学派和第一流的物理研究所？"玻尔答道："可能是因为我从来不怕在年轻人面前暴露自己的愚蠢。"

而爱因斯坦访问哥本哈根后则说："作为一名科学思想家的玻尔之所以具有如此神奇的吸引力，是由于……他对玄奥事物的直觉洞察力，再加上一种如此强烈的批判意识。"

关于"铪"的传奇故事

　　玻尔无论研究哪方面的问题，都是紧紧围绕着探索原子结构这个中心问题展开的。为此，他又在探求元素周期表中所有各族元素的电子环带和轨道分布。

　　1921年10月18日，玻尔在哥本哈根的物理学会和化学学会的联席会议上，发表了题为《各元素的原子结构及其物理性质和化学性质》的长篇演讲，系统地阐述了他的关于原子结构和元素周期表的理论，引起了与会者们的强烈反响。

　　在此之前，玻尔曾在英国的《自然》杂志上发表过一篇关于原子结构方面的短文，其中介绍了他的几个新理论要点，这篇短文已在科学界掀起轩然大波，有些学者立即表示，人们应该等待玻尔的详细论文发表，在此之前，进行谈论任何原子结构方面的理论工作都是毫无意义的。果然，几篇正待发表的名家大作被作者主动撤回，他们拭目以待玻尔的新方案。

玻尔确实不负众望，在这篇演讲中，玻尔在他的理论和对应原理的指引下，考虑了周期表中从氢开始的各种元素的原子结构。运用光谱学数据向人们展示了他的原子设计，比较详细地勾勒了理论轮廓，这篇具有代表性的讲演，反映了20年代初期原子理论的水平。

讲稿很快被译成德文本和英文本，并被收集在几本论文集内，向世界迅速传播。讲稿中玻尔关于第72号元素的预言，引起了人们广泛的关注。

玻尔在阐述周期表的形成时，考虑了原子中各个电子组的发育过程。认为每个电子组能分成几个亚组，而每个亚组只能容纳有限个数的电子。

在电子组的逐步发育过程中，由于电子轨道的相互影响等原因，会出现几个明确划分的发育阶段，在每一阶段达到完成时，电子组会表现出一定的稳定性，这就标志着某一周期或某一元素族的结束。

当时已经知道周期表上的第71号元素（镥）是一种稀土元素，那么72号元素会是什么，没有人能做出定论，只是有人提出它是稀土族的最后一种元素，假如这一说法属实，玻尔的理论就必须修改，因为玻尔认为该元素不再是稀土族，而应该是和第40号元素（锆）性质相近的一种元素。

玻尔的理论面临着挑战。为了让事实来检验真理与谬误，玻尔率领他的研究小组成员对有关元素进行考察，他们用X射线来研究各种含锆的矿物。

就在玻尔前来瑞典的斯德哥尔摩领取诺贝尔奖金的前夕，最后的检验尚未完成。玻尔急切地期待着这一消息。

夜深人静，为了准备获奖时的演讲，玻尔正伏案疾书。突然，一阵急促的电话铃声打断了玻尔的思路，话筒里传来了哥本哈根振奋人心的消息：

第72号元素找到了，它的化学性质与锆的性质极为相似，而与稀土元素截然不同！这是在这个研究所工作的匈牙利化学家亥威西发现的，亥威西原是卢瑟福的弟子，与玻尔友好而来工作的。

事实胜于雄辩，这则消息与获得诺贝尔奖同样令玻尔兴奋不已。玻尔在他第二天的演讲即将结束时，宣布了这一爆炸性的新闻。这种新元素命名为"铪"（Hf），它在丹麦文中是哥本哈根的旧名哈弗尼亚（Hafnium）的简写，以此铭记他们对化学事业的贡献。

几天来，哥本哈根研究所的同事们还沉浸在发现铪的激动中。有一天突然闯进来一位叫斯戈特的爱尔兰老化学家，声称他在1913年就做出了这样的发现，并拿出一试管东西，说这就是72号元素，他把它命名为"锯"。这么一来，问题忽然间复杂起来，它涉及民族荣誉，个人名声等问题。

玻尔和整个研究所处于尴尬境地，大有被人指责有用他人成果沽名钓誉之嫌。玻尔给卢瑟福的信中说道："这太可怕了，真是一塌糊涂。"

卢瑟福对玻尔的学识和为人最了解，他鼓励玻尔说："这场新元素的戏可是真够热闹的。别担心，我相信你们会得到公正对待的。"

唯有实验才能解决这个问题。大家取得一致的意见后，又和英国科学家进行了交涉，一些"锯"样品被送到哥本哈根。经过检验，人们很快发现这些"锯"样品里连一丝一毫的第72号元素的影子都没有。

尽管如此，玻尔对那位陷于窘境的爱尔兰化学家仍充满同情之心。他总是不惜花费任何代价，去避免伤害任何人的感情。他对别人最不客气的评论也只不过是"这挺有意思，挺有意思"而已。

他写信告诉卢瑟福说："我真为斯戈特难过。我们还在继续研究他的样品，希望发现一些别的新元素。那样会使我们高兴些。"

不幸的是，样品里没有什么东西能挽回斯戈特的面子。

不过，这场争论却更加有力地证明了玻尔对周期表和元素周期性的形成所做的分析是正确的。玻尔的理论还表明，第72号元素铪（Hf）应该和具有22个电子的元素钛（Ti）以及具有40个电子的元素锆（Zr）相似。如果把元素排成螺旋形，铪正好和钛、锆在同一列上（如图所示右起第5列）。所以，它应该具备这两种元素的某些性质，而不具有位于它前面一位的稀土元素的性质。

铪的发现者亥威西的研究还表明，铪不仅在一切化学性质上与锆相似，而且还存在于所有的金属锆之中。在地壳中的各种储量丰富的金属矿物中，原来还有这种元素的存在！这可是人们从前不曾知道的事情。

高高的诺贝尔领奖台

　　玻尔在原子结构方面不断推出的新理论，每一次都像一枚炸弹，轰响在国际物理学界。这使他成为当时颇具魅力的新闻人物。

　　卢瑟福继任卡文迪什实验室主任后，多次邀请玻尔前来讲学，从前的师生，现在已经成了最亲密的朋友和合作伙伴。伦敦大学也不会错过这样的好机会，约玻尔在英国逗留期间也给他们作几次讲座。从德国物理学中心地哥丁根也发来了同样的邀请。此外，即将在布鲁塞尔召开的国际物理学高级会议索尔维会议也邀请玻尔出席⋯⋯

　　请柬如雪片般飞来，使本来就繁忙的玻尔更加紧张，但他宁可多吃些苦，也不愿错过讲学机会。他向来主张开放式的研究，而不搞保守主义，不怕任何人学习自己，超越自己，恰恰相反，他喜欢挑战者。

在卓越的成就面前，荣誉和鲜花也簇拥着玻尔。

1921年11月，英国皇家学会授予玻尔最高荣誉——一枚休斯奖章，以表彰他在原子结构方面的工作。玻尔还被接纳为英国皇家学会的名誉会员。

"我觉得自己极不配得到英国皇家学会给我的荣誉，当然，我对此是极为感谢的。"对待荣誉，玻尔又是如此的谦虚谨慎。

1922年末，是玻尔一生最为辉煌的岁月。

11月的一天，瑞典的斯德哥尔摩有人相约，要玻尔接一下第二天清晨从斯德哥尔摩打来的电话，玻尔赶紧问道：

"有什么重要的事情吗？"

"当然，是有关您获得诺贝尔奖金的事。"

听到这个消息，玻尔一家人激动得心都要提到嗓子眼了。转瞬间，他们又幸福地拥抱在一起。在等待电话的分分秒秒里，大家都处在提心吊胆的激动之中，既知道这个电话该是怎么回事，却又不敢相信它是真的。

这是千真万确的事。清晨，从斯德哥尔摩传来的声音告诉玻尔，他被授予1922年度的诺贝尔物理奖，并向他致以热烈的祝贺。与玻尔接到这个电话的同时，全世界也知道了这件事。

玻尔一家人觉得，整个丹麦都变得非同寻常，从国王直到站在研究所拐角处卖冰淇淋的老大爷，都在庆贺这件事。从他们那兴高采烈的面容上，玻尔读懂了所有的含义。

这些天，玻尔走到哪里，哪里就有掌声与喝彩声。学生们，同事们多次为自己的老师与朋友举杯痛饮，他们为玻尔高兴，为丹麦高兴。最令玻尔感动的还是来自英国的卢瑟福和卡文迪什实验室的贺信：

"我们真高兴你得到了诺贝尔奖金。我知道这只不过是时间问题。现在已经确定了，这可再好也没有了。这对你杰出的工作是一种明智的确认。"

玻尔在复信时，诚挚地写道：

"我不仅感谢您对我工作的直接影响，不仅感谢您的灵感对我的启发，还感谢自我有幸第一次在曼彻斯特见到您以来，您在这20年间对我的情谊。"

显然，玻尔在他最得志乃至于是"登峰造极"的快乐之时，也保持着十分冷静的头脑，没有忘记给予他帮助和支持的卢瑟福，在老师和朋友面前，他总那样谦逊自省。

12月10日，是诺贝尔的诞辰，也是举行诺贝尔奖金颁发仪式的日子。

斯德哥尔摩大街上洒满了积雪，在这座古老的城市里，只有教堂的尖顶和市政府建筑的城堡刺破了冬日的低空。在这积雪共长空一色的背景下，到处飘扬的印有黄十字架的蓝色国旗显得格外醒目。它向人们昭示着，在这里将有重要的国事活动。

北国的黄昏来得很早，下午4点钟，已是薄暮时分了。闪闪发亮的黑色轿车载着各国科学界的优秀分子和美好祝愿驶入音乐大厅。

4点30分，乐队奏起了庄严的乐曲，瘦高的国王沿着红色地毯指引的道路走上台前，后面是佩戴着珠光宝气的公主，公主身后便是桂冠得主：尼尔斯·玻尔和其他化学奖与文学奖的获得者。

站在高高的诺贝尔领奖台上的玻尔，此时神态自若，还是那样一副谦逊和气的面孔。当扩音器里传来尼尔斯·玻尔的名字时，玻尔微笑着向观众鞠躬致意。

一位著名的瑞典科学家郑重宣布："N.玻尔因对原子结构以及原子放射性的研究工作做出了贡献而获得诺贝尔奖金。"如潮的掌声刹那间滚过音乐大厅，回响在五洲四海。

国王和公主微笑着向玻尔颁发证书与奖金，并以个人的身份向他表示祝贺。玻尔深鞠一躬，表达了自己的敬意和谢意。

从立志献身物理学的那天起，玻尔就十分崇拜能获得诺贝尔奖的那些伟大的物理学家们，如今他也成了伟大的人物，成了受人崇拜的对象，他是当之无愧的。他的睿智、他的预见、他的人品都深深地影响着他周围的人们，影响着世界物理学界，影响着整个20世纪物理学的发展方向。

玻尔没有"名人"的架子，却受到人们的尊敬和爱戴。刚刚走下诺贝尔领奖台的玻尔又接到了来自曼彻斯特大学的信函，大学评议会提议授予玻尔名誉学位。玻尔以极其愉快的心情，接受了来自他的事业发祥地的这份荣誉。

剑桥也不甘落后，卢瑟福悄悄地告诉玻尔说："你已被提名通过在6月份授予名誉学位。"在玻尔心中，剑桥是所有研究所中最好的一个，又是他第一次向科学进军的阵地，剑桥最能唤起玻尔对理想的追求。因此，他认为能够成为剑桥的博士，是他一生的骄傲。

这样，38岁的玻尔又成了剑桥备受尊崇的博士，圆了他20年前的梦想。

崭新的互补思想

　　上世纪20年代中期，是物理学发展史上极不寻常的年代，有人说它是"天翻地覆的年代"，真是一点儿也不夸张。量子力学的奠基者之一海森堡宣称：粒子的速度和位置乘积小于普朗克常数与粒子质量之比。也就是说不可能同时准确地测量粒子的位置和速度。

　　如果宇宙的最终答案指的是确定地了解粒子的一项运动的话，那么，科学手段是无法同时做到准确无误地知道与此有关的另一项运动的。

　　自从人们掌握了真正的科学理论之后，科学的目标和方法就是明确的。因为人们一直认为，物质世界是由各方面的定律支配着的。如果人们发现了这些定律，就会知道事物的结果。这就是确定性。有了它，科学就有了百战百胜的保证。甚至有人认为，只要发挥足够的智慧，就可以了解宇宙在任何时刻的全部情况。

但是，当科学研究深入到微观世界时，情形就大不一样了。海森堡等人提出的这条爆炸性的结论，如狂飙骤起，吹乱了人们已有的思维模式和科学信念。海森堡说自己曾"绝望"过，玻尔则是"震惊"。

科学迈出了这样大的一步，却是把世界建筑在朦胧的测不准关系上，这简直超越了科学家们的理解能力。玻尔和海森堡为了说明这种奇异结果的深刻含义，费尽了脑筋，以致筋疲力尽，而想不出办法。因此，他们在1927年分别出去旅行以便休息和冷静地思考。

玻尔和玛格丽特来到了冰雪覆盖的挪威。玻尔不仅是足球健将，对滑雪也很在行。飞快的滑行速度，侵人的寒冷空气，使玻尔的大脑迅速振作起来，思想的渠道也畅通了许多，长久以来一直寻求的概念一步步变得清晰明朗。

两个星期后，玻尔和海森堡回到哥本哈根。这时候，他们对于量子物理学向科学界提出的看来似乎是荒谬的问题，已经各有了自己的答案。

回来后的第一个早晨，玻尔就一步登两台阶地迈上研究所的楼梯，找到了海森堡，滔滔不绝地讲述自己的观点，他们时而商讨，时而争论。然后，他们又把这些想法告诉了泡利，他们需要泡利敏锐的批评和质问，从而补足自己观点的不足之处，以使其观点全面、准确、完善，这是玻尔最为推崇的研究方法。

玻尔大彻大悟的这个理论认为，真理有两个，而不是一个。换句话说，就是有两个侧面，每个侧面都是正确的，只有把两个侧面结合起来，我们对原子世界才能有全面的理解。原子的各个部分能够结合起来，而不是分割，成为比单独的各个部分更和谐的整体，是因为单独的、甚至相互矛盾的侧面是彼此互补的，这就是互补原理。

海森堡则想出了测不准关系，也就是说粒子的位置和速度若测准其中的一种，则另一种不可能测准。

玻尔进一步指出，原子世界与宏观世界截然不同。

天文学家可以预测月食；以每小时若干千米的限定时速行驶的摩托车骑手也可以确信，如果没有意外，他可以"准时"到达目的地。

这一普遍存在的确定性在宏观世界中显得极其自然，以致人们把它看做如同呼吸一样用不着考虑的原理。

然而，这个原理在原子世界里却被亮了红灯。即使电子在自己轨道上有确定的速度，也无法预言它在某个确定的时刻到达某一点。如果设想在原子世界里有一只"手"，伸出去拿"铅笔"，它可能只是靠近这支"铅笔"，却恼人地扑了一个空。

原因在于：

要观测电子，就不可能不对它产生干扰。观察者的光束会拦住电子，改变它的速度。"任何观测原子内部电子行踪的行动，都同时造成了电子状态的变化"，玻尔这样解释说。

从另一个角度来说，如果没有干涉，没有光线或外来电子与原子碰撞，就不存在量度这一回事；也就谈不上掌握这些知识了。

在波动一粒子二象性的问题上，玻尔认为，有许多证据表明电子是粒子，是一种物质，同时，电子又有波的行为。这两种图景是互相排斥的，但同时又是真实存在的。怎样认识这个问题呢？

"无论这类现象乍一看来显得多么不协调"，玻尔说："我们也必须认识到它们是互补的。也就是说，它们结合起来，才能清楚地把原子完全弄明白。"

玻尔十分明确地指出，互补性是自然法则的需要，是必不可少的逻辑工具。

这就是玻尔所提出的具有超越时空意义的互补性观点。

玻尔还特意将他的互补思想编成了一份讲义，试图用最通俗的语言让大家理解，然而，当他在研究所里宣讲时，大家都觉得这简直就像天方夜谭一样。

1927年9月，玻尔应邀参加在意大利的科摩湖畔召开的国际物理学会议。玻尔在会上宣读了题为"量子假设及原子理论的新发展"的论文。在这个很不具体的标题下面，玻尔第一次公开发表了他的具有革命性的互补观点。

玻尔的论文刚刚宣读完毕，会场上立刻变得人声鼎沸。薛定谔等人极力反对玻尔的理论，他们极力坚持说，物理学应该建立在"实体"之上，而不是建立在什么测不准、不确定之类的意义上。他们要求的是清楚明白的实体，而不是朦朦胧胧的东西或概率。

时间是检验真理的试金石。当玻尔的理论在长期的实践中充分显示出它非凡的价值时，人们才真正认识到这一理论的重要意义。

狄拉克称之为"急剧地改变了物理学家的世界观，其改变程度大概是空前的"。

奥本海默称之为"人类思维进入新的进化阶段的开始"。

普林斯顿大学教授惠勒则称之为"本世纪最有革命性的科学概念"。

不过，当时人们的认识可是相去甚远，并由此引发了20世纪物理学界两位巨头最著名的论战——玻尔与爱因斯坦大辩论。

论战爱因斯坦（一）

玻尔与爱因斯坦同为物理学界影响深远的人物，早就互相仰慕对方的大名，但却无缘相见，是量子论的第一位奠基人普朗克为他们安排了难忘的第一次握手。

1920年夏季，普朗克发来邀请函，要玻尔参加柏林物理学会并作有关光谱理论的讲演。当玻尔兴致勃勃地来到柏林大厦时，一眼就望见等候在那里的普朗克和爱因斯坦。

爱因斯坦瞪着一双大大的眼睛，早已出了名的蓬乱的头发依然如故，还是穿着那身无论如何也弄不整齐的衣服，他向玻尔表示了极大的热情和友好。

在大会的讲演中，玻尔表述了这样的看法：从光谱学理论来看，精确的测量是不可能的。爱因斯坦举双手反对。

作为19世纪科学传统的继承者，对于不确定性的任何理论，爱因斯坦都是反对的。他从根本上相信，只要掌握了所有的定律，一切活动都是可以预言的。

从他们的第一次会面起，两个人的根本分歧就清楚地表现出来了。不过，他们的论据还显得苍白无力，对于对方的问题，他们都作不出令对方满意的答复。

来也匆匆，去也匆匆。他们谁都希望能再次相会，以便在更具有充分准备的条件下证明对方观点的错误，甚至使强大的对手改弦易辙。但是，这个愿望恐怕难以实现，这两个人的智力水平都太高了。

1927年10月，召开了第五届索尔维物理学会议，与会者几乎囊括了所有在理论物理学上做出突出贡献的物理学家，尼尔斯·玻尔和爱因斯坦自然也在应邀之列。

这次会议的议题是"电子和光子"。它涉及物理学的各个领域，但讨论的焦点却集中在新出现的方法是否意味着要摒弃确定性原理上。

玻尔就量子物理学面临的认识论方面的问题作了报告，并全面阐述了他的互补原理。

报告刚一结束，爱因斯坦大步走上讲坛，他开门见山，亮出自己的观点：

他认为互补原理是无法接受的，缺乏科学性，他依然坚持他的决定论，对测不准关系不感兴趣。他说：

"这个理论的缺点在于：它一方面无法与波动概念发生更密切的联系，另一方面又把基本物理过程的时间和空间拿来碰运气。"

顿时，会场一片哗然，秩序大乱。有十多个科学家用十多种语言叫嚷着要求发言。会议主席不得不大声疾呼，恢复秩序。

晚间，大家自动分成若干小组，继续讨论白天的议题。玻尔与爱因斯坦面对面的交锋开始了。这是一场用客气的词句及彬彬有礼的态度进行的战斗，每个人都很尊重自己的对手。但是，由于根本性的分歧，争论得十分激烈，无异于用枪炮进行的战争。

玻尔做了充分的准备。他说，互补原理也曾出现在爱因斯坦本人天才的观点里。

难道爱因斯坦不曾在1905年指出光子既是粒子又是波吗？难道他没有在1917年给出了一个公式，表明原子可以进行自发辐射，其速率对应于某一个光验概率吗？难道他没有指出，辐射过程中不存在某一特定方向，而实际辐射只会沿着某一方向进行，从而进一步形成了这种左右为难的局面吗？

玻尔越发情绪激昂地说道，奠定了这样基础的人，是不应该不正视互补原理所提出的类似的、带有根本性的重大改变的。

爱因斯坦准备用"假想实验"来推翻玻尔的互补原理。

他不动声色地拿起粉笔，在黑板上画出一条线，表示照相底片，旁边又画一条中间切断的线，切断部分表示微粒通过处，如果有一个电子或一个光子通过这里，就会以典型波的同心圆形或成扇状散开。

虽然在这个实验中，还无法确切地知道电子将到达底片的哪一部分，只能计算出电子可能会落入底片的某个区域，但爱因斯坦强调指出，如果电子落在A点，就不会在B点上。因此，采用控制电子的动量和能量传递的方法，电子将在何时落于何处的问题就能得出精确的结论。

玻尔立即反驳道，如果运用统计方法来对付复杂系统的问题，要比进行这样的实验好得多。

这个回合，他们接触到了问题的关键所在——量子力学的描述方法在解释已知现象的概率时是否无能为力了呢？

爱因斯坦的回答是一个斩钉截铁的"不"字。

在紧张激烈的争论的同时，他们也不乏开个小玩笑，缓解一下各自紧张的大脑和情绪。

爱因斯坦曾对玻尔及其追随者的概率观点开过这样的玩笑。他说：

"难道你们真的相信上帝也靠掷骰子办事吗？"

玻尔也以同样的口气回敬道：

"难道你不认为用普通的言语来描述神的旨意时，还是小心一点为妙吗？"

双方都开怀大笑起来。他们就是这样，既针锋相对，又和谐友好地争论着，在争论中，更加强了他们彼此之间的了解。加强了他们对对方智慧与品格的尊重。

在这次会议上，几乎是每天早晨，爱因斯坦都会提出一个假想实验来试图驳倒测不准关系，而到了晚上，玻尔就会作出答辩，论证那个实验是和测不准关系式恰恰是一致的。

同爱因斯坦合作过的埃伦费斯特也被玻尔的观点打动了。他以开玩笑的方式暗示爱因斯坦说：

"您对互补原理及量子理论新发展所持的态度，正如相对论的反对者对您的态度一样。"

经过多次较量，爱因斯坦也发现互补原理的"堡垒"是难以攻破的，只好偃旗息鼓，准备新式"炮弹"，以利再战。

玻尔也认为，他虽然在论战爱因斯坦的过程中占了上风，但这位科学巨擘绝不会服输，他们还会有更为艰苦的论战。

为了科学，为了真理，玻尔喜欢一切挑战者，尤其是像爱因斯坦这样绝顶聪明之人，更让玻尔兴趣盎然。

论战爱因斯坦（二）

1930年秋季的布鲁塞尔，成了物理学界上层人士瞩目的地方，第六届索尔维会议将在这里召开。

所有与会者都预料到玻尔和爱因斯坦会继续在这里展开更为精彩的辩论赛。能够亲自聆听两个"世纪性的人物"公开论战，也是他们一生的荣幸。

这场赛事很快就开始了。在全体与会者的注视下，爱因斯坦力图彻底摧毁玻尔的测不准"偏见"。

他又想出一个"假想实验"。这次，他提出用相对论的方法，实现对单个电子进行时间和能量的准确测量。如果这个方法可行，那么玻尔的互补原理及全部工作，就会统统宣告失败。

爱因斯坦先发制人。他在黑板上画了一个盒子，一侧有一个小洞，洞口有一块挡板，里面放了一只能控制挡板开关的机械钟，小盒的重量是可以测量出来的。

爱因斯坦说：

"这个小盒里装有一定数量的辐射物质。这只钟能在某一时刻将小洞打开，放出一个粒子。这样，它跑出的时间就可以精确地测量出来。"

爱因斯坦运用他著名的公式 $E=mc^2$，说明质量与能量是等价，重量（质量）的减少可以折合成能量的减少。据此，少了一个粒子，盒子的重量完全能被称量出来。

这样，在准确的时间放出的准确能量的问题，就基本上解决了。准确性和因果联系得到了恢复，清晰确定的世界又出现了。

爱因斯坦强调指出，上述这些都能做到，不存在什么相互作用，即没有外来光线的碰撞改变粒子的能量，也可以同时准确测得时间和能量。

这个小实验真的给玻尔带来了大麻烦。他不相信这个小匣子果真有如此的魔力，能战胜他的测不准关系及互补原理。但是，如何找到问题的突破口呢？

当天夜里，玻尔和他所里的几个研究人员压根就没有睡觉的意思。玻尔冷静地确信爱因斯坦是错的。

多年的实践使玻尔明白这样一个事实——确定微小粒子在空间和时间上的位置的实验是难以进行的。因为任何实验都会存在着仪器装置和粒子之间的动量交换与能量交换。但是，爱因斯坦的这个实验又错在哪儿呢？

时间一分一秒地催促着玻尔，只有几个小时就到天明了，第二天再拿不出反击方案，就等于在世界各国科学家面前宣告自己理论的破产。

玻尔和他的同事们检查了爱因斯坦实验的每一个细节，一遍又一遍地推敲它的实际可行性。经过一个通宵的奋战，他们终于找到了这个看起来似乎是无懈可击的实验的关键性错误。玻尔用他卓越的智慧点燃了黎明的曙光。

清晨，玻尔精神十足地准时来到会议厅。在场的人都注视着玻尔，期待着他的发言。这可是个关键时刻。

玻尔胸有成竹地站到黑板前，仔细勾勒出爱因斯坦实验装置图形的每一个细节，而不是像爱因斯坦那样只画一幅草图。

玻尔将爱因斯坦设计的盒子吊在一支弹簧上，然后在小盒的一侧画出指针，指针能沿着固定在支架上的标尺上下移动，以便读出粒子跑出前后的重量。

然后，玻尔面向大家，高声宣布：

"若用这套装置来精确测量粒子的能量，就不能精确测定粒子跑出的时刻。为什么呢？"

玻尔援引了15年前，爱因斯坦在相对论中的一段论述。爱因斯坦讲过，一只钟如果沿重力的方向发生位移，它的快慢会发生变化。因此，它所读出的时间也会由于这个粒子的跑出而有所改变。

所以说，爱因斯坦先生的这个试验，在进行了第一次称量后，钟的快慢必然要在一定范围内发生变化。这就需要用测不准原理来解释了。

玻尔用爱因斯坦的"矛"，进攻了他的"盾"。

原来如此！

与会者们紧张的神经也随着玻尔的深呼吸而放松下来。接着玻尔用数学语言来叙述自己的论点。他一边叙述，一边回答来自下面的提问，进而使他的论点更加无可辩驳。

毫无疑问，重力作用足以造成钟表快慢的变化，从而不能精确测出粒子跑出的时间。

爱因斯坦虽然心不甘，情不愿，但他不得不表示同意。玻尔的论证和计算都具有无可指责的周密性。爱因斯坦精心设计的"炮弹"只发挥了它的后坐力。

在巨人们的这场较量中，玻尔和他的英明理论又一次取得了胜利。这时很多人才不得不承认，微观世界是无法准确描述的二元体系。而这个体系还能统一起来，更深刻地表达这个世界。多么深奥，多么有趣的理论。

后来，玻尔在回忆起这场针锋相对的争论时说道：

"爱因斯坦对于这种显然不那么肯定地解释自然的原理感到很不安。从我的角度出发，我只能回答他说，在了解一个全新世界的规律时，我们不能过分信赖以往所熟悉的原理，无论这些原理具有何等的普遍性。"

显然这场争论给两个人和整个物理学界都留下了极为深刻的印象。

人们说，爱因斯坦在两次交锋中都吃了败仗，但是，他本人根本没有认输。他选择了另外的主攻方向。

经过几年的准备，他在1935年和另外两名合作者联名发表了EPR论文，论证了量子力学描述的"非完备性"。这篇不到4页的没有引用任何文献的论文，在物理学界再度掀起波澜。

几个星期以后，玻尔在同一家刊物上用同一个标题作出了答复。他的论文不到7页，也没有引用别人的文献，他只是在自己观点的基础上详细论证了量子力学描述的完备性。

他的论证是自给的，但是，爱因斯坦拒不接受，认为那是违犯他的"科学直觉"的。这样一来，论战又用上了

"直觉"、"信念"之类的术语，当然谁也说服不了对方了。

这两个世纪性人物不一致的思想产生了科学家之间的对话，这些对话照到了现代量子物理学及现代世界观的深妙幽微之处。如果没有这些不一致，这样的深度是不可能达到的。

在爱因斯坦和玻尔分别于1955年和1962年逝世以后，作为他们个人之间的论战当然就那么结束了。但是，两种观点之间的争论却远远没有结束，在新的形势下，继续以新的形式表现着。

构想液滴模型

　　当历史的巨龙跃进20世纪30年代的大门时，科学也跨入了一个崭新的领域——原子核内的领域。这在某种程度上是由于玻尔的作用，才使神秘的原子核逐渐显露端倪。

　　20世纪30年代中期，人们对原子核的研究取得了显著的成效，出现了许多由中子诱发的核反应。这些核反应是无法用以往的理论来加以说明的，必须用一种新的合适的核模型给予形象的解释和说明。对此，哥本哈根的科学家们进行了积极而紧张的工作。

　　他们用大加速器向原子核的要塞进行轰击，用慢中子打入人们尚未全部了解的原子核内部。答案中固然有用，但他相信真正的武器却是人类非凡的才智，是坚持不懈的努力和集体的智慧。

波尔一边指导助手们工作，一边思索着他早些时候提出的问题——原子核的组成是什么？核反应的本质是什么？加速器和镭在寻找答案中固然有用，但他相信真正的武器却是人类非凡的才智，是坚持不懈的努力和集体智慧。

在研究所里，无论是早茶还是午饭时，只要大家聚到一起，压倒一切的话题就是原子核。

终于有一天，玻尔在一次讨论会上大声宣布："我明白了。"这句话震惊了所有在场的人。接着玻尔就滔滔不绝地阐述了他的液滴模型，显然，这是玻尔多年来深思熟虑的结果。

玻尔早在大学时就研究了水的表面张力问题，对液滴中的分子运动情况有了生动的印象。当他试图说明慢中子诱发的核反应时，他就把原子设想成了类似于液滴的东西。

他的液滴模型就是说，一个原子核被设想成若干个由短程力结合在一起的核子，它们或多或少像液滴中的分子那样地运动着或相互作用着。当有一个外来的粒子进入这样的一个原子核中时，由于核子的碰撞，入射粒子的能量将很快地在多个核子中间分配开来。这样就使得每一个核子都没有足够的能量来克服表面作用力而溢出核外。

这样，核就俘获了入射粒子而形成一个过渡体系，即形成一个处于高激发态中的"复合核"。这样的复合核是不稳定的。过了一段时间，核能量分布中的涨落就会使某一核子或核子集团获得比平均能量高得多的能量，于是那个核子或核子集团就会从复合核中"蒸发"出来。

这就是由入射粒子诱发核反应的大致过程。

为了更清楚和形象地说明这一过程，玻尔走到黑板前，在黑板上画出一条中间向下弯曲的长线，并用粉笔指点着长线说：

设想原子核是一只浅碗或浅盆，如果它是空的，从一头射进去的小球就会从另一头跑出来，能量不发生变化。

但是，假设碗里装了一些小球，玻尔在黑板上的凹陷部分画了一些小球，紧接着又说，如果有另外一个小球滚了进来，如果它的速度很快，就从碗边飞过去，如果它慢就掉进碗内而不可能自由通过。它将和遇到的头一个小球相撞，把自己的能量分给它一些，使它去撞击离自己最近的小球，这就是慢中子易于引起核变化的原因。

它们辗转相撞，直到最后所有的小球都运动起来。这时，原先那个外来的小球同别的小球不再有什么区别，它就被俘获了。

但是，玻尔还指出，在某种特殊的情况下，碰撞过程会延续到使位于碗边的小球集中了足够多的能量，小球便会从碗中冲出去。玻尔说着，就随手在碗边画上一个跑出去的小球。

玻尔的形象图示，把一个物理学上的尖端问题给通俗化了，使更多的人理解了他的理论。这碗小球被一位绘画专家更具体地画了出来，深得玻尔喜欢。在1936年2月29日的《自然》杂志上，玻尔发表了题为"中子的俘获及原子核的构成"一文，还特意把画家为他创作的"一碗小球"图附在上面。

液滴模型的重大成就，在于相当好地解释了重核裂变。当然，这毕竟是一种过于简单的模型，因为一个原子核不可能在细节上和一个液滴完全相似。

事实上，随着核物理学的迅速发展，关于核结构的概念和理论已经发生了多次重大变化，但是，在阐明某些核反应方面，液滴模型仍能发挥重要作用。

玻尔经过进一步的研究，又发现了两条规律。一是如果入射中子的能量较低，慢中子被俘获的可能性将比快中子的机会大。二是如果新来的中子与原子核的结合是稳定的，就会生成原来那个元素的同位素。

不过，玻尔也没有放过在相反的条件下可能出现的情况，即多余的小球（入射中子）和碗中原有的小球构成了不稳定分布时，原子核会自然裂开，正电子及其射线就被释放出来。这时，就会生成另一种元素的稳定同位素。当然，还有一种可能性会发生，就是外来中子会造成放射性元素的出现。

玻尔还总结说：

"事实上，无论核反应是由碰撞引起的，还是由辐射引起的，根本之点就是可能发生的各种过程较量的结果，这些过程是释放出物质微粒的过程，也是发生放射性嬗变的过程。"

当时，玻尔还预见说，如果用100兆电子伏的能量轰击原子核，这一巨大的撞击能量也将首先在核内的粒子间进行分配，后来能量又集中在某个粒子上，从而造成这个粒子的离去。

如果原子核受到更猛烈的冲击，比如说接受了能量为一千兆电子伏的粒子呢？

"这一碰撞可能导致整个原子核的爆炸，对此，我们必须要有思想准备。"

玻尔极为严肃认真地说，他是在提醒大家，也是在提醒自己。

因为这时的欧洲已被战争的阴云所笼罩，希特勒疯狂地扩军备战，而表面上又高喊着"德国需要和平，德国需要和平"。他的这些美丽的谎言真的蒙住了许多政治家的眼睛，而玻尔却忧心忡忡。

在相对平静的1937年，玻尔夫妇去世界各地进行了为期半年的旅行。他们先到美国，应普林斯顿等一些名牌大学的邀请，做了"关于原子核的转变"的演讲报告。然后又到了日本。

在这期间，玻尔一家还来到了中国，受到了中国学者们的热情款待。除了在北京的几所大学讲学外，他们还游览了杭州的宝塔，南京的明陵。玻尔每到一处，都感慨于中国山水的秀丽迷人。自此，每当提起中国，他都说那是世界上最美好的地方之一。

玻尔常说，有机会还会来中国。然而繁忙的工作和崇高的事业一直没有再给他这样的机会。

可怕的原子裂开了

  在关于中子诱发核反应的研究中，人们得到了一些在当时看来有些不可思议的结果。人们发现，在由慢中子诱发的铀的某些反应中，反应产物包含了放射性的钡。

  这种现象的实质，在1938年得到第一次说明，那一年德国的哈恩和斯特拉斯曼发现了铀核裂变，这就是在慢中子的作用下，铀核分裂成两个质量相近的部分。这种反应后来被仿照生物学中的细菌增殖而命名为裂变。

  这一事态的发展，极大地吸引了玻尔的注意力。因为核裂变可以说是在液滴模型的基础上提出来的。玻尔和他的助手罗森菲尔德对这一问题又进行了深入的探索。

  他们在研究中发现，天然铀是由好几种不同的同位素组成的。铀^{238}占去99％左右，还有少量的是铀^{235}，此外还有微量的另外两种同位素。

玻尔还分析到，铀^{238}只俘获慢中子，当中子打进它的原子核之后，它不会发生裂变，能够发生裂变的是得到一个慢中子的稀有同位素铀^{235}。

玻尔的分析是建立在对原子核结构及其作用力的充分理解之上的，他从不下没有把握的结论。

铀^{235}的原子量数值的质子和中子的总数永远是个奇数，如果加上一个中子（235+1），就会生成铀^{236}，无数实验证明，含有偶数个粒子的原子核要比有奇数个粒子的原子核结合得紧密。

外来中子可以造成猛烈振动，其程度之大，足以抵消原子核的表面张力，于是，原子核便会分裂成两块，同时还会释放出巨大的能量。

而铀^{238}则不同，它在得到一个中子后，就变成铀^{239}（238+1），这是个有奇数粒子的原子核，它发生裂变的可能性极小。这样，中子就被俘获了，乖乖地留在原子核内。

玻尔郑重地说明，如果能做到把铀^{235}与铀^{238}分离的话，在慢中子的作用下，就能得到一种容易发生裂变的物质，这种物质很可能会放出巨大的能量，引起强烈爆炸。

1939年初，玻尔访问了美国，并把核裂变的消息带到了美国。这在美国同行和美国社会引起的轰动效应是令人吃惊的。对铀元素的研究在美国又掀起热潮。

把裂变归于铀^{235}后，有一些重大问题仍需解决，为什么重原子核是稳定的？为什么自然界中没有原子量超过238的元素？诱发核裂变的临界能量应该是多大？

这次，玻尔在普林斯顿大学，和著名科学家惠勒联起手来，共同进行了富有成效的研究。

惠勒说："在分析过程中出现了许多问题，从这些问题可以看出玻尔对裂变这个复杂过程的深刻理解。由于过去3年在原子核结构方面取得的成果，这次研究具备了理想的基础。"

同年9月，美国期刊《物理评论》发表了玻尔和惠勒合撰的论文《核裂变的机制》，这篇论文曾经在美国官方的文件中被说成是"这一期间头等重要的成就"。

文中他们为自然界为什么不存在比铀^{238}重的原子核找到了答案：

如果有更多的粒子聚在一起，过了一段时间后，原子核的表面张力就不能克服核内粒子的排斥力。因此，数目在238个以上的粒子将不会聚在一起，天然元素到铀即告终止。

他们还指出：

核裂变的过程中，会发生中子的放射。这些在天然铀裂变中放射出的中子，可能会被铀^{238}吸收，铀^{238}是难得在中子的撞击下裂变的。因此，反应不会像一串点燃的鞭炮那样持续下去。

只有在放出的中子击中另一个铀^{235}的原子核时，才有可能再发生一次裂变。

天然铀的成分表明，中子碰到铀^{235}的机会是很小的，大约为1/139。在它碰到一个铀^{235}原子之前，就会被为数众多的某一个铀^{238}原子吸收掉。

玻尔—惠勒理论不认为有发生链式反应的可能，但只有通过链式反应，从铀里得到神奇的能量，才会有实际价值。

那么，如果铀^{238}在俘获中子后并不发生裂变，它又会变成什么呢？

论文对此也进行了详细论述。

铀^{238}增加一个中子，原子量会变成239，这个奇数粒子是不稳定的，为了回到稳定状态，必须放出一个电子来。于是，又会使一个中子变成带正电的质子，多了一个质子，又意味着原子核外围会多束缚一个电子。

这样就产生了一种新元素，一种在周期表中位于铀后面一位的自然界中并不存在的元素——镎。

由于镎的不稳定性，又会生成另一种新元素——钚。钚可能会像铀^{235}一样发生裂变。

当然，这一切都是基于玻尔认为铀^{235}是裂变物质的观点建立起来的。

这篇论文发表后，把许多科学家的思路引导到裂变所释放的中子以及中子是否会造成链式反应的问题上来。

有几位物理学家提出，铀核发生裂变所释放的中子，能在有利的条件下诱发更多的铀核裂变，过程会持续不断并越来越激烈地进行下去。这就是所谓的链式反应。

哥伦比亚大学的费米和西拉德对此进行了大量的实验。测量结果表明，如果满足下述两个条件，链式反应就可以进行：

中子要被某种低原子量物质减速；反应物一定要用铀，不能用轻于铀的其他元素。

他们很快发表文章，说明一种新的能源就要出现了，它的功率比以往已知的任何一种能源要大千百万倍！

原子一旦裂开了！对于人类到底是祸还是福？科学是造福于人类，还是毁灭人类的重大问题出现在人们面前。

危机来临

1939年是令世界爱好和平的人们紧张而又愤慨的一年。3月15日，德国军队如潮水般开进了希特勒称之为"乌捷克邦"的捷克斯洛伐克。在这个国家割让了苏台德地区后，希特勒又在斯洛伐克和罗塞尼亚两个地区煽动民族分裂活动。

捷克政府要么制止分裂主义者的活动，要么听任民主制度的灭亡。而且谁都能看出德国真正的意图，只要捷克政府采取行动，就会给希特勒制造入侵的口实。但是为了民族的尊严和荣誉，年迈的哈查总统终于鼓起勇气，宣布解散分裂主义者组成的政府。

这个决定正中希特勒的下怀。这个德国独裁者按照早已拟定好的计划，穷凶极恶地扑向捷克斯洛伐克全国各地。不到一天的时间，这个国家就被纳入了德意志帝国的版图。

德国的入侵，使一些具有政治头脑的科学家十分担心，他们预感到世界和平的危机已经降临，而且这次危机似乎非同寻常，如果把目前的科学发现与战争紧密结合，将会给世界人民造成不可估量的损失。

怎么办？是科学家们采取行动的时候了。

玻尔和他研究所的许多成员正在美国的普林斯顿大学搞研究，听到德国入侵捷克的消息，玻尔义愤填膺，迅速和同事们商量对策。这时西拉德也火速赶到普林斯顿，了解玻尔在这种突发的严峻形势下如何进行科学研究的看法。

普林斯顿高层物理研究人员的会议紧张地进行着。参加会议的有玻尔、西拉德、罗森菲尔德、惠勒、维格纳和特勒等人，他们都曾在哥本哈根研究所工作过。

西拉德谈到哥伦比亚大学一直进行的中子实验，充满恐怖地谈道：

说不定德国人也在进行这种实验，如果希特勒手中掌握了一枚原子弹的话，这个战争狂人不知要制造出多少惨剧。

西拉德的话就像是末日的钟声一样，响彻每个人的耳边。

在场的人都不怀疑这样一点：

德国人将会与他们一样，知道有关可怕的核裂变可能带来的严重后果。如果一旦出现这种可能性，希特勒也一定会尝试制造原子弹。德国有这样的科学能力。

出席这次会议的人中，有四个是在德国受的教育，而另外两个人——玻尔和惠勒也曾多年与德国科学家密切合作过，他们知道德国人的才干。尽管希特勒赶走了一批最优秀的科学家，但毕竟还有一批为数可观的人留在德国。如哈恩、海森堡和魏扎克，他们的科研水平是无可否认的。

玻尔与西拉德的意见不大一致。他坚持说链式反应是不会产生的，除非把铀^{235}从铀^{238}中分离出来，但要做到这一点是极其困难的。这需要足够的时间和资源。

不过，在这些重大的事情面前，不可掉以轻心，科学史上偶然的例外也不是没有的。

到了午夜时分，普林斯顿万籁俱寂，睡梦正酣，而科学家们的思想却在翻江倒海。最后，在西拉德的敦促下达成如下共识：

第一，科学家们必须与美国总统和军界进行接触，以便使科学实验在国家的直接关注下进行。

第二，必须动员我们所有的力量，加快对裂变中子的研究，争取抢在德国人的前头。

第三，他建议保持缄默。说服所有的物理学家，不要在公开场合谈论裂变。

对第三点建议，玻尔和其他科学家均持反对态度。玻尔认为，对科学发现进行压制，物理学将无法发挥它的作用。而且自然定律是不能加以遮蔽的，任何国家的任何一位科学家都可能在任何时候得到自然科学中的真理。

玻尔多次问大家，封锁消息的办法能行得通吗？

就在1939年下半年，《自然》杂志发表了近20篇有关裂变的长短文章，美国出版界也有类似的文章大量刊出，自愿封锁消息的初步尝试失败了。

战争的危机更加速了人们对铀的研究。虽然玻尔不太相信能从大量铀^{238}中分离出微量的铀^{235}，而他的弟子们却在加紧这方面的实验工作。

首先意识到哈恩等实验为铀核裂变的奥地利物理学家弗利什在丹麦被占领后来到英国，和佩厄斯一起工作。他们计算出，1公斤左右的铀^{235}球体，就是一枚"大小合适的炸弹"。

在生产铀^{235}可能性的问题上，他们得出的结论是，用气体扩散法可以取得成功。让铀变为气态，就会在高温物体表面附近收集到铀^{235}。

这两个人还算出，用大约10万根管子进行收集，每天可生产出大约100克纯度为90％的铀^{235}。

　　他们认为，只要有一座比现有的火药厂大不了多少的工厂，就可以做到这一点。

　　他们在备忘录中写道：

　　"这种炸弹除了爆炸过程本身毁灭性的效果外，全部裂变产物会处于具有高度放射性的状态中……放射性对于生命仍有致命的危险……数小时后，放射性造成的后果才表现出来……成立专门机构，以判断危险区域的准确范围，警告人们不要进入，是十分重要的。"

　　备忘录里的大部分内容是美国后来拼命保守的"秘密"。美国生产的原子弹是按照他们的路子进行的。

　　虽然玻尔本人并没有将原子能用于战争的意图，甚至在这件事成为事实时，玻尔仍极力反对，他只是为着理解自然中的真理，为着使世界上的物理学家相互启发与合作，以便共同探究真理而努力工作，但是玻尔的发现和他领导的这个集体的智慧，却使结果向着另一个方向发生了变化。

命运在这里转弯

欲壑难填的希特勒在攫取到捷克斯洛伐克以后，继续向波兰燃起战火。人们本能地预感到，丹麦和北欧的其他国家也在劫难逃。此时的墨索里尼也粉墨登场，出兵占领了阿尔巴尼亚。

眼见欧洲一步步陷入灾难的深渊，玻尔忧心如焚。他焦急地在房间里踱着步子，不停地思索着一个问题："我该为灾难的欧洲做点什么？"此时，他已来普林斯顿大学讲学3个月了，恰逢风云突变。

桌上摆满了美国各名牌大学的邀请信，信中邀请玻尔长期留居美国，甚至要他把家也搬到美国来，不要再回到危险的丹麦去了。玻尔不为所动，他一一地回绝了这些盛情邀请。

玻尔认为，要他离开祖国，离开他的研究所，置同胞的灾难于不顾，在异国他乡享受所谓的幸福和安宁，这无异于斩断他的血脉！

"我必须回到丹麦去，"玻尔对美国朋友说："我不仅要回去维持研究所的所有工作，还要在丹麦为逃离纳粹占领区的科学家敞开大门。我们的研究所现在对这些人来说，是有限的几条出路之一。"

为了他的祖国，为了人类科学事业的兴旺发达，玻尔不顾个人安危，毅然回到了他热恋的故土。

1939年夏天的哥本哈根，天气比较炎热，而人们焦虑的心情比炎热的夏季还要强烈。玻尔每天都要收听电台的新闻节目，密切注视着战争形势的发展。

这时，他的研究所也成了接待逃难科学家的营地。玻尔为了使这些蒙受种种苦难的科学家快慰一些，他想尽了各种办法。政府奖励他的荣誉楼此时也成了招待所，玛格丽特不停地招呼着客人。

为了给科学家们寻找到安全之地，玻尔还特意去了一趟中立国瑞典。为他们找到了一些合适的职位。

玻尔对科学家们的前途、事业乃至安全一直是关心有加的。他没有任何种族偏见，只要是人才，他就会不惜一切地帮助和保护，让其为人类的科学事业发挥出全部的光和热。

早在1933年，希特勒制造了臭名昭著的"国会纵火案"时，玻尔就意识到了问题的严重性，希特勒大搞种族歧视政策，迫害犹太人，对内实行恐怖统治，使德国许多优秀的科学家身陷困境。

对此，玻尔知道该采取怎样的行动帮助他们。他要求去德国访问，表面上是参观大学，实际上是检查科学家们的安全状况，调查有多少人可能在种族法下失掉工作，以便将他们转移到安全的地方。

为了迎接从各地逃往丹麦的科学家，1933年，玻尔还和他的弟弟——著名数学家海拉德及其他几个人组成了"丹麦支援外逃知识分子委员会"，向世界各地的朋友和同行发出求职信，为逃离纳粹恐怖的科学家们寻找工作。

像弗利什、海乌希、弗兰克和波拉柴科等人都曾在玻尔的保护下得以安全地转移。

德国占领丹麦后，玻尔一直同法西斯分子进行着顽强的斗争。留下许多感人肺腑的故事。后来，他获悉德国已签署了逮捕他和他的弟弟的命令后，便在朋友们的帮助下，来到了斯德哥尔摩。

此番到达斯德哥尔摩，玻尔肩负着丹麦地下组织的特殊使命——要求瑞典政府接收丹麦的犹太难民。因为丹麦7000犹太人也正面临着被杀戮的危险。

玻尔一到瑞典，不顾随时有被特务暗杀的危险，急切地奔走于瑞典的军界和政界，敦促瑞典政府，采取一切可能的步骤，阻止纳粹对丹麦人进行有预谋的迫害。

在玻尔的努力下，瑞典驻德国的大使做出了应有的反应，但纳粹德国不予理会。

大批犹太人被纳粹抓走，他们被驱赶到了哥本哈根的轮船上，准备送往德国集中营。

玻尔一面积极建议瑞典政府要求德国把船只开到瑞典来，由瑞典政府负责在战争期间拘留这些犹太人，一面通过各种渠道拜见了瑞典国王。

他向国王痛诉祖国的不幸，热情赞扬瑞典的人道，希望国王为丹麦几千同胞的生命尽最大的努力——以个人名义向希特勒提出呼吁，表示瑞典愿意接收丹麦的犹太难民。

面对这位伟大的科学家的至诚至爱，瑞典国王被深深地打动了。当天夜里，就播出一条声明，建议纳粹将囚船改道驶往瑞典。然而，纳粹德国依然和往常一样，傲慢地拒绝了这一建议。不过，瑞典政府却积极行动起来，帮助丹麦的地下组织用小船营救难民。最后，有6000人被安全运往瑞典，只有43人死于纳粹的集中营中。

尼尔斯·玻尔冒着生命危险拯救了几千同胞。在丹麦人的心中，他不止是一位睿智盖世的科学家，而且还是一位有勇有谋的英雄豪杰。

特殊旅行

纳粹侵犯了丹麦，正在实行戒严！

玻尔出访挪威归来，火车还没有进入哥本哈根市内，就被车外嘈杂的声音震惊了。纳粹德国占领丹麦虽在他的意料之中，但他却没有想到事情会来得如此神速。

此时的玻尔感到一股从未有过的压力向他袭来，他很清楚自己将面临的处境，他的研究所，他的物理学乃至于他全家人的生命安全，都会遭到不堪设想的后果，但他不愿离开这块血脉所系的国土，他说：

"我无法忍受纳粹的铁蹄践踏我的祖国，我觉得，此时的丹麦比任何时候都更需要我，我也同样的需要她，需要和我的同胞站在一起。"

就这样，玻尔多次拒绝了国外的邀请，在丹麦最危急的时刻，他始终和丹麦人民并肩战斗。

玻尔拒绝与纳粹进行丝毫合作，也同样拒绝与听命于纳粹的人进行合作。他不为任何有通敌嫌疑的委员会服务，拒不出席纳粹直接或间接操纵的会议。

与此同时，玻尔参加了国王的75岁生辰祝寿活动，还参加了丹麦人为了表示自己积郁而举行的民族历史庆典。每逢有这类爱国纪念活动，玻尔总会出现在头排座位上，他坚毅的面孔和深邃的目光，已经成为一种象征。

玻尔拒不合作的态度遭到德国法西斯的极端仇视。他们派暗探盯梢玻尔，并计划将玻尔挟持到德国，为他们服务。

玻尔一家人多次面临痛苦的抉择。丹麦的形势越来越恐怖，玻尔随时都有被捕的危险。但玻尔压倒一切的考虑是，不能在危难的时刻离开自己的祖国。他一再坚持说，只要能待下去，"我是不会走的。"

就在玻尔以顽强的意志同法西斯斗争的时候，世界原子物理的研究正在飞速发展。原子能的利用已经突破了理论防线，开始向实践靠拢。

英、美等国一致认为，如果原子弹的制造技术被德国人抢先掌握，那么，谁也无法预料疯狂的法西斯分子会做出什么事情来。

1943年9月底，德国签署了逮捕玻尔和他弟弟的命令，在这紧要关头，玻尔也接到丹麦地下组织的使命，要他去瑞典拯救被法西斯逮捕的犹太同胞。

玻尔以他崇高的国际影响和赤诚的爱国之心，挽救了6000同胞的生命。然后便接受了英国政府的邀请。共同研制原子弹，以对抗德国的残暴行径。

1943年10月6日，一架英国的蚊式轰炸机在斯德哥尔摩机场降落，为了不破坏瑞典的中立，飞机上没有任何武器装备。它是应英国政府之命，来接一位重要人物的。

这位重要人物不是将军，也不是国王，但他所能发挥的作用是将军和国王所无法取代的，他就是尼尔斯·玻尔。

玻尔穿上飞行服，背上系好降落伞，被安置在轰炸机仅有的一点空间——弹仓里。为了便于联系，驾驶员还递给玻尔一顶飞行帽，帽里装有耳机，以便与驾驶员取得联系。

一切准备就绪，蚊式轰炸机起飞了。为了躲开敌人的进攻，飞机上升到最大高度。

处在那个特殊年代的玻尔，为了反法西斯战争的胜利，不得不作这次特殊旅行，不得不在知识争夺战中付出巨大的代价和牺牲。

此时的飞机上空气极其稀薄，驾驶员告诉玻尔打开氧气开关。但是玻尔根本没有听到这一指令。也许是玻尔过于紧张，也许是飞行员的帽子戴在玻尔的大脑袋上太小了，耳机没能贴在耳朵上。

玻尔渐渐支持不住了，他的大脑一阵阵紧张，不一会儿，就因缺氧而昏迷过去了。就这样，玻尔在丧失知觉的情况下完成了到达英国的旅程。

经过几天的住院休养，玻尔很快恢复了体力。英国著名科学家纷纷前来看望玻尔，看到他还是那样幽默健谈，充满智慧和灵感，人们对他的健康有了更加坚定的信心。

在英国，玻尔很快了解到了3年来世界原子能的研究进展情况。因为丹麦被占领后，玻尔的研究所几乎与世界隔绝。但是，玻尔的思想很快跟上了时代的步伐，他不再怀疑原子弹能被制造出来的设想。目前只存在一些技术上的问题，而这些问题终究会被解决的。

一到英国，玻尔又一次陷入进退维谷的境地。英美两国又为争夺玻尔而暗中较量。

罗斯福和丘吉尔早就决定把大型原子能工厂建在美国，因为那里不致遭到轰炸。作为合作伙伴，英国方面也要提供人员和研究成果。但是，被称作"曼哈顿计划"的美国研究原子弹的计划刚刚付诸实施，英国人只是作为参加者入伙。

为此，两国首脑又在魁北克会晤，签署了一项全面有效地进行合作的协议。它保证在"联合政策委员会"的成员内部全面交换情报。

但是，英国方面十分清楚，前面还会有许多暗礁和险滩。他们指望玻尔能代表英国，成为使英国保持平等地位的有分量的人物。

美国负责"曼哈顿计划"的格罗夫斯将军也盛情邀请玻尔前往美国，算作美方成员。还有在美国参加研制工作的一些老朋友也发来了这样的邀请。

从感情上说，玻尔还是倾心于英国的，英国的剑桥、曼彻斯特都曾给玻尔许多难忘的记忆，他几乎把英国当成了自己的第二故乡。

在英美两国都向玻尔伸出热情之手的时刻，玻尔却在考虑着他们都不曾考虑的另一个问题，那么，玻尔又有了什么新思想呢？

为谁辛苦为谁甜

玻尔毕竟是玻尔，在他的脑海中总有不同凡响的东西令人惊诧不已。

他想有了原子弹这种非同小可的武器，怎样用它来影响这个远非完美的世界呢？能不能让它服务于人类而不是破坏呢？怎么才能用这种空前的力量来保障和平呢？

玻尔关心着人类的现在，更关心着人类的未来，无论现在如何艰难，他的心中一直对人类的未来充满了美好的理想。

根据魁北克协议，英国要派第一流的物理学家到美国。玻尔和他的物理学家儿子奥戈将一同前往。不过他说，他不希望被指定为任何一个国家的成员，而是希望为大家共同的事业服务，他会在双方所需要的任何地方帮忙，以发展英美之间充分共享科学技术知识的真正合作。如果不能实现这种安排，他就回英国工作。

这样，玻尔以顾问的身份来到美国。特工机关为了严守研究原子弹的秘密，将玻尔化名为尼古拉·贝克。他还被告知说，一名警卫要随时跟着他，以防止可能的暗杀活动。玻尔客气地接受了这种令人厌烦的小心谨慎。

玻尔一到研究基地，人们就亲切地叫他"尼克大叔"，他慈祥的微笑，花白的头发以及炯炯有神的目光，都让人们对他肃然起敬，以至于战后，人们仍然这样习惯地称呼他。

玻尔思考的事情很快也成了参加原子弹研制工作的许多科学家共同思考的问题。在一些讨论会上，他们常流露出自己的忧虑和犯罪感。玻尔常将谈话引向另一个方面，他鼓励大家说：

"我们正在创造的这个空前巨大的力量，正为建立一种比以往任何时候更加美好的新文明和新和平提供空前有力的机会。我们应该使科学事业中的客观规律为人类和平友好发挥作用。"

玻尔的话教会了年轻的科学家们充满希望地思考问题。

玻尔十分了解美国的利益是占第一位的因素。原子弹是在美国制造的，美国为此投入了大量的物力和财力，英国虽然也是合作伙伴，但许多决策权都在美国方面。一旦美国制造出世界上第一枚原子弹，又会有什么举动呢？

玻尔想尽办法要见美国总统，向他提出早日制定战后原子能政策的必要性。经丹麦大使的介绍，玻尔结识了美国最高法院法官富兰克·福特，他是美国总统罗斯福的知己。

不久，这位法官便告诉玻尔，罗斯福总统对原子能被用于和平目的，而不是起破坏作用的想法很感兴趣，并欢迎英国首相丘吉尔对如何最恰当地处理这一紧迫问题提出建议。总统还委托玻尔向丘吉尔转达他的意思。

玻尔高兴地接受了这个伟大的使命，他十分惊奇地发现自己被卷入了政治活动中，而且是参与了最高国务活动。其实，一个对人类未来充满热爱的伟大科学家，在特殊的形势下，完全可以是一位外交家、政治家。因为科学活动有时能给政治带来意想不到的效果。

肩负重要使命的玻尔不敢有片刻耽搁，他很快找到英国大使，为他和奥戈安排一架军用飞机飞往英国。玻尔的老朋友昂德森爵士在机场迎接。昂德森是英国的财政大臣，又是内阁中原子弹研制工作的领导人，他与玻尔交往深厚。

在英国高层领导人中，除昂德森以外，玻尔还有许多朋友，他们都为玻尔与首相的见面进行多方斡旋，有的人亲自上书首相，说明玻尔是全世界科学家中深受拥戴的领袖，他不能不关心他们的工作所带来的后果，不能不向掌握这些成果的人提出建议。

在焦急的等待中，几个星期过去了。终于有一天，丘吉尔答应会见玻尔。玻尔满怀希望，走进了有名的唐宁街十号大门。在规定的30分钟的时间里，玻尔还没陈述完他的来意，首相就和其他参加会见者谈起了不相干的事。

事实上，丘吉尔在见到玻尔之前，就从根本上反对玻尔的看法了，他对昂德森极力促成这次会面很不满意。

玻尔不甘心他的失败，虽然他对丘吉尔感到心灰意冷，当他走出首相府后，还是坚持着给首相写了一份备忘录，转达了罗斯福和他本人的意见。

玻尔回到华盛顿后，又向白宫上交一份备忘录，再次阐明他的观点，希望原子能用于和平事业，而不是使人类遭到威胁；希望世界范围内的科学合作由此开始，这里玻尔暗指包括苏联在内。

因为玻尔知道苏联科学家的实力，如果不把研制原子弹的秘密公开，就会造成战后东西方大国的军备竞赛，而这时德国的失败局势已定。英美两国军队如潮水般在诺曼底登陆，苏联也开始了大反攻。

读过备忘录，罗斯福决定接见玻尔，他要亲自听听这位科学家的高见。他们的谈话在亲切友好的气氛中开始。罗斯福相信，原子能会为国际合作作出决定性贡献。

总统的声音和姿态都流露着关切和热情。这使玻尔感到，总统的态度是十分真诚的。

1944年9月，丘吉尔和罗斯福就战争后期及战后事宜再次举行魁北克会晤。当他们谈到玻尔曾向他们提出的问题时，丘吉尔依然坚持不打算把秘密泄露给任何人，罗斯福也转变了态度，完全赞成英美两国在原子能研究中的领先地位，并维护这一地位。他们命令继续保持原子能研究的极端保密状态。

在这次会晤的备忘录中还写道：

"需要注意玻尔教授的行动，并应采取步骤让他知道，他不能泄露情报，特别不能泄露给苏联人。"

玻尔听到这个消息，愤怒到了极点。除了申明他的行为和动机以外，他还能做什么呢？

奥本海默从这件事情上总结道："非常聪明的人和非常伟大的人打交道，会出现大错特错。"

玻尔平静下来后，并没有灰心丧气。朋友想安慰他，可他们最终则说道："他是如此大智大慧，对这样的人是无法安慰的。"玻尔仍一如既往地为原子能的和平利用奔走于英美外交界。他要通过各种渠道劝说这些政治首脑们，权衡一下同意和拒绝之间有何不同。

1945年8月6日，第一枚原子弹爆炸在日本的广岛。

事实证明，玻尔的努力失败了。但他培植的思想——国际控制和废止保密政策，以使新科学为人类服务，却越来越具有活力。英美两国新上任的首脑都在他们的声明中引证了玻尔的观点。

和平万岁

可恶的战争一结束，玻尔便归心似箭。

离开祖国已有近两年的时间，家人们虽然被转移到了瑞典，但生活境况如何，玻尔牵肠挂肚，研究所和同事们是怎样度过这段艰难岁月的，玻尔时刻担忧。

玛格丽特到美国迎接玻尔父子。这对老夫老妻始终恩爱如初，形影相随，只是这次战争使他们天各一方。由于玻尔执行着极其保密的任务，更增加了玛格丽特的思想负担。

夫妻相聚，他们已不需要过多的语言，离愁别绪和相互的思念已写满了灰白的头发和深情的双眼。他们为一家老少的平安相聚流下了激动的泪水。

1945年8月底，玻尔一家返回丹麦。当玻尔迎着旭日，哼着欢快的小曲，骑着自行车，第一次来到战后的研究所上班时，门前站满了欢迎他的人们。

玻尔刚一出现，人群里便爆发出了经久不息的欢呼声。这热烈、激动、真挚的欢呼声，令玻尔深切地感受到了祖国的温暖，人间的真情。紧接着，有人向玻尔送上了一串房门的新钥匙。

看到保存完好的研究所，看到依然健在的同事们，玻尔时而开怀大笑，时而和老朋友拥抱问好。此时此刻，玻尔的每一个动作都是那样不寻常，让人体会到劫后余生的真实感受。

当人们向玻尔问起有关惊人的原子弹的消息时，玻尔避而不答，他不愿意谈论这些，总是把话题转移到原子能对全世界有什么意义这个他最关心的问题上去。

玻尔听到原子弹的第一声炸响时就确信，未来的年代将是原子时代。回到丹麦后，他就积极投身于原子能的和平利用之中，而坚决抵制将原子能用于军事和商业。

丹麦没有铀和钍的矿藏，但玻尔清楚，如果将别国的矿藏利用起来，原子能就会为没有化学燃料和水力资源的国家解决动力来源。

他立即开始为丹麦准备未来。一方面大力培养青年研究人员，一方面积极扩建研究所，并使设备彻底现代化。

玻尔的计划很快得到丹麦政府和一些基金会的大力协

助，扩建计划很快完工。扩建后的研究所有三座大楼，与城市的其他建筑和谐一致，并不显得有什么特别，可来到这里工作的人却有许多独特的感受。

国外的大学生们再次云集到研究所来，聆听玻尔深思熟虑的思想，接受玻尔富有远见的指导。紧张的工作之余，玻尔也常将他们请到家中，一边用餐，一边讲些风趣幽默的故事，讲到高潮，玻尔和大家一起开心地笑起来。

有益的谈话，有趣的故事，还有玛格丽特的亲切热情，让每个人都觉得，自己不但受到欢迎，还好像回到了自己的家一样。和平的年代，又使玻尔的家庭和研究所恢复了往日的亲情。玻尔的儿子们也常带着妻儿回家团聚，他们有的是医生，有的是工程师，有的是律师，奥戈继续在研究所和父亲一道工作，由于他在原子核方面研究中的杰出贡献，荣获了1975年度的诺贝尔物理学奖金。相隔53年，父子获得同一项奖金，这在物理学发展史上是不多的。玻尔夫妇鼓励孩子们按照自己的志趣发展。

1951年，玻尔邀请研究所的全体老伙伴们回来聚会。这种聚会在战前是一年一度的，战争中断了人们的交往，这是战后的第一次相聚。

来自天涯海角的物理学家们以一向的哥本哈根精神畅谈了物理学上的难点与热点问题。最后话题自然转向了玻尔倡导的建立一个国际物理中心方面来。玻尔建议这个中心以纯学术研究和培养青年物理学家为主要任务。

一年之后，14个欧洲国家代表会集在哥本哈根，决定成立"欧洲核子研究中心"（CERN），并决定把中心设在日内瓦，玻尔是当然的主席。为了不耽搁培训人才，在日内瓦的工程竣工之前，培训工作一直在哥本哈根进行。每年都有大约十五个欧洲国家的学生参加研究所的工作。

这样，玻尔再一次在新的历史条件下造就出欧洲的一代物理学新人，他们形成一种超越国界的学派，把欧洲的物理学家们结成一个科学团体。把哥本哈根精神也渗透到这个团体之中。

1954年12月，联合国设立了"国际原子能机构"（IAEA）。美国总统艾森豪威尔也认识到，共同享有原子能的知识会促进原子能的和平利用的意义。玻尔在二战期间的深谋远虑得到了国际的认同。

玻尔在战后也没有停止思想宣传活动，他一面在丹麦及欧洲其他国家付诸行动，一面多次向联合国发出呼吁，要求建立国际组织，把核军备竞赛引导到核能和平利用方面。让科学造福于人类而不是毁灭人类。

在玻尔的积极推动下，才使这个国际组织挺立在联合国总部。虽然这个组织离玻尔的开放式研究理想还差得很远，但它毕竟沿着和平的方向迈出了有效的一步。

玻尔不敢过于乐观，更不敢放松他所奋斗的事业。作为国际努力的一部分，玻尔建议丹麦政府发展自己的原子能研究。这样，一个指导丹麦参加国际原子能合作的临时委员会成立了，玻尔自然是主席。

建造和维护一座反应堆，需要丹麦付出很大一笔开支，议会中有些人表示反对。玻尔又给他们上了一堂很好的原子能教育课，使反对者最终也无话可说。

为给丹麦的反应堆寻找厂址，玻尔不顾自己年迈的身体，和年轻人一样跋山涉水，在他的身上似乎总有用不完的热情和体力，终于在一个叫瑞索的地方认定了厂址。

1958年6月6日，对于丹麦的历史来说，是一个值得纪念的日子，瑞索工程落成了！

鲜花芳草洒满建筑物的四周，与这片地势起伏的风景相映成趣，拔地而起的反应堆，高大而突出，显得十分壮观，新建筑物上飘扬着鲜艳的丹麦国旗，在阳光的照射下，光彩夺目。落成典礼仪式隆重而热烈。丹麦的国王和王后以及政府各界要员都出席了会议。此外，还有许多外国贵宾，如瑞典的国王和王后，英国的伊丽莎白女王和菲利浦亲王等，玻尔还为他们的到来举行了盛大的家宴。

这个巨大的反应堆成了丹麦智慧的象征。

1957年，美国福特汽车公司基金会设立了"和平利用原子能奖"，评选委员会毫无争议地推荐出了第一届获奖人——玻尔。

10月24日授奖这天，恐怕是玻尔一生中最为悲喜交集、感慨万千的日子了，他至少会意识到人类正在朝着他历尽千辛万苦所为之奋斗的和平道路前进，他曾播撒的和平种子正在发芽。

和平，对于热爱人类，热爱生活的人们来说，总是那样美好，但又总是那样可望而不可即，什么时候人们才能放心而大胆地迎接世界和平的到来，高喊一声"和平万岁"呢？

1962年11月18日，玻尔因脑出血突发而逝世，享年77岁。巨星陨落，举国哀悼。世界许多国家也纷纷发表悼词，沉痛悼念这位"天才的科学家和思想家，争取和平和各国人民相互谅解的战士，全人类的朋友"。

世界五千年科技故事丛书

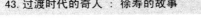